大展好書　好書大展
品嘗好書　冠群可期

大展好書　好書大展
品嘗好書　冠群可期

老拳譜新編38

三義刀圖說

梅花刀

金一明／郭粹亞／呂光華／李元智　著

大展出版社有限公司

策劃人語

本叢書重新編排的目的，旨在供各界武術愛好者鑒賞、研習和參考，以達弘揚國術，保存國粹，俾後學者不失真傳而已。

原書大多為中華民國時期的刊本，作者皆為各武術學派的嫡系傳人。他們遵從前人苦心孤詣遺留之術，恐久而湮沒，故集數十年習武之心得，公之於世。叢書內容豐富，樹義精當，文字淺顯，解釋詳明，並且附有動作圖片，實乃學習者空前之佳本。

原書有一些塗抹之處，並不完全正確，恐為收藏者之筆墨。因為著墨甚深，不易恢復原狀，並且尚有部分參考價值，故暫存其舊。另有個別字，疑為錯誤，因存其真，未敢遽改。我們只對有些顯著的錯誤之處做了一些修改的工作；對缺少目錄和編排不當的部分原版本，我們根據內容進行了加工、調整，使其更具合理性和可讀性。有個別原始版本，由於出版時間較早，保存時間長，存在殘頁和短頁的現象，雖經多方努力，仍沒有辦法補全，所幸者，就全書的整體而言，其收藏、參考、學習價值並沒有受到太大的影響。希望有收藏完整者鼎力補全，以裨益當世和後學，使我中華優秀傳統文化傳承不息。

為了更加方便廣大武術愛好者對老拳譜叢書的研究和閱讀，我們對叢書做了一些改進，並根據現代人的閱讀習慣，嘗試著做了斷句，以便於對照閱讀。

由於我們水準有限，失誤和疏漏之處在所難免，敬請讀者予以諒解。

金一明編

三義刀圖說

馬公愚題

編輯大意

一、三義刀，為吾國武器中之一種單刀使用法，創始於少林，歷傳至今，已千數百年，對於普通武術中之手法、身法、步法、腿法、轉法以及刀之砍、擊、揮、刺諸法，此刀（三義刀）法中無不具備。

二、三義刀共分四路，計四十八動作，書中對於各動作均標明名稱，並將各動作所經之變動形狀，分一、二、三、四等項逐一說明，以便學者易於明瞭練習，不但此也，如用作教本，則教者即可將一二三四等數目，用作口令，教授多數學生，以收畫一整齊之效。

三、本書雖為武器之使用法，然實為使用武器者練習之初步，動作簡便，不論已未練過國術者，均易學之。

四、此刀法動作雖簡，而一經練習純熟，則手眼活潑，姿勢優美，對於健康上，技術上，均有莫大之貢獻。

五、書中對於各種動作、方向、路線，以及動作之變動等，除說明外，隨處插圖，以補說明之不足，學者一覽，即可無師自通。

六、本書編撰，雖經兩人之通力合作而成，然粹亞等學識幼稚，文字簡陋，謬誤之處，在所未免，還祈海內 國術大家有以正之。

序一

余幼學三刈刀於唐師殿卿，不知命名之義，詢之於吾師，師曰：「吾嘗聞之汝師祖云刀名三刈。刈者，斬也，蓋有三種可斬之道，始得使用吾刀。三種者何？大奸、大惡、大仇是也。」唐師又云：「三刈刀近人亦有稱之為三義刀者，亦有說，謂效古人俠義之懷，以誅奸鋤暴，扶善安良，衛民保國，為主旨也，是三刈刀，亦可命名為三義刀。」吾師已言矣。然法度變遷，潮流更換，軍閥剷除，革命統一，三義之旨，用於今時，似不妥協，商之一明，一明曰：三義者，可云一保存國粹，二強身強族，三誓雪國恥。今秉此三種主義，以著此書，俾後之學者，知此三義，以學吾刀，誰謂不宜。余曰，善。顏曰三義，殆無不合云。

民國十七年秋　江都郭粹亞謹誌

序二

武術者，中華固有之國粹也；三義刀者，少林派之真諦也，明代士夫多習之。明亡清盛，試尚馬步弓箭，擊技之術，久遭鄙棄，幾目拳術家為匪徒，致令國術沉淪，可勝浩歎！然考諸子百家，於武術之淵源，殊鮮記載；欲求歷代統系，戛戛乎難矣。是知國術之失傳，不自清始，不過遜清為尤甚耳。然身隱山林，練習武術者，仍代不乏人，譬之禮失而求諸野，是其明證。吾友郭君粹亞，得唐師殿卿之真傳。唐師為少林嫡派，在陸營中，充教練有年，北至燕京，南至江浙，有神手唐殿卿之譽。余與粹亞思欲將唐師之絕技傳世，民國四年，曾共編《石頭拳秘訣》，出版於中華書局，後續編《三義刀》，尚未蕆事（校點：蕆事，事情已辦完），余與郭君，分就軍政各界之職，本篇束置高閣者有年，□因國術昌明，適粹亞與余皆回揚，余曰：「三義刀可出而問世矣。」遂操筆著述，而□成之。嗟夫，吾國武術，不能普遍流傳者，苦於缺乏善著述而兼擅武術之人耳，□於武術者，大多不能操不律；精於文學者，又大都不精於技擊與繪圖。余雖能□繪而不精，苟三者兼全，對於國術發宏願而編纂立說以表揚之，則其書之價值，當高出余與郭君之上，自不待言，然何地無才，是在留心國術者竭力提倡耳。

民國十七年秋八月中旬　揚州金一明序於申江一鳴寄廬

著者金一明肖影

菩薩蠻

才華悉付刀和筆，
崢嶸頭角今猶昔。
磨礪奪天工，
腰間秋水橫，
男兒身手顯。
國術精微闡，
相對盡知音，
淵源證少林。

如兄郭粹亞題

著者郭粹亞肖影

菩薩蠻

俠肝義膽心腸熱，
千金價值恩仇別。
豪氣捲長虹，
妖魔一掃空，
聞雞同起舞，
屠狗羞儕伍。
我亦薄功勳，
同心惟有君。

如弟金一明題

三義刀圖說　目錄

三義刀圖說　上編

演術者江都郭粹亞
編輯者揚州金一明

練習時之注意

（一）練習者每一動作，須將左右前後，牢牢記憶（如身體胸部，所對何方，即以何方為正面，而定別其左右前後）。則動作雖劇，而方向自不致錯亂。

（二）練習之始，務以運動場之右角，為開始練習起點，然後照刀路之進退，明別方向，往來練習。

（三）身體變轉方向時，無論其如何變轉，即以身體所轉對之新方向為正面，而辨別其左右前後。

（四）在練習刀法時，無論何種動作，目光務注視於動作所向之處，不可瞬息怠違。蓋動作所向之方，即是敵人相抗擊處，如有疏忽，即手眼失卻聯絡，而為敵人所乘矣。

（五）使用單刀，乃右手握刀，左手成掌或拳以輔之，故對於拳掌之法，亦不可不知（使單刀其空手用掌者居多，用拳之時甚少）。掌之成法，以食指、中指、無名指、小指伸直，併攏緊靠，以拇指緊屈貼於手心上部（食指以下）。其名稱有四：曰正掌（拇指在上，掌背向體之側外方），曰反掌（拇指在下，掌背向體之側內方正內方，掌面或向側外方正外方），曰平掌（拇指在體之側內方，掌背向上），曰仰掌（拇指在體之側外方，掌背向下）。

（六）拳之成法，以食指、中指、無名指、小指之各節，緊屈成拳，貼於手心，以拇指緊屈貼於食中兩指中節（其緊屈成拳，貼於手心之四指，務將近手背之第一節，成一齊平，即以此齊平一部擊敵）。其名稱有四：曰正拳（拇指在上，拳背向體之側外方），曰反拳（拇指在下，拳背向體之正內方，及側內方），曰平拳（拇指在體之側內方，掌背向上），曰仰拳（拇指在體之側外方，拳背向下）。

（七）手法，即左手輔助右手之刀之運動也，其主要在揮擊敵人，掩護自身及右手之刀，故不論用拳或握拳，其運動旋轉，務須活潑靈捷，不可滯笨為要。古者武技名家有言曰：「單刀看手」，蓋即謂右手使刀時，其左手之輔助運動，是否活潑靈捷也。

（八）左手之旋轉運動，輔助刀法，用掌時居多，且與右手之刀，屢成相反，譬以刀向上轉，則左手向下旋轉；刀向左揮，則左手向右；

其他動作，類此者甚多。

（九）左手之運動，須在右手之刀之內方（左手運動，均貼體前旋轉輔助，右刀均由左臂外部運動）（刀口向外及向上下），右手下方（刀口向外及向上），以及由右手之刀之上方（刀口向外及向下）。切忌動作錯誤，致受刀口之危險。

（十）臂之運動旋轉，其曲直須依身體為標準，譬以右臂伸直右平方，由上向左下方旋轉，其在轉至胸前時，臂不得不屈是也。其他動作，類此者正多，練習者，不可不明審之，取適體度數，不可拘笨為要。

（十一）兩臂由體前旋轉（如由左右向上下，及由上下向左右）時，刀在外，手在內，均須近接身體，不可支離為要。

（十二）刀使用法有五：曰正刀（刀口向下，刀背向上，刀尖或左右，或前方）（概用於由上向下砍臂及平方，以及收刀至體下部時），曰仰刀（刀口向上，刀背向下，刀尖或左右前後）（概用於由下向上撩割，及旋轉時），曰直刀（刀口向前或左右，刀尖向上，刀背向左右或後方）（概用於由下以刀尖向上刺擊，及由上以刀口砍向前左右方），曰垂刀（刀口向後，刀尖向下，刀背向前或左）（概用於繞背旋轉，及收刀於後下方，以及向左右方旋轉），曰平刀（刀尖柄相平，刀口向體之外，刀背向體之內方，刀尖概向左右為多）（概用於左右平方，及前平方，上下之揮擊）。

（十三）刀之旋轉，其名稱有二：曰正面旋轉（係由體前正面，以左右上下旋轉），曰繞背旋轉（古稱烏龍盤頸）（由左繞右，則由左，成平刀，向右上方轉成垂刀，向後繞體背向左前方，由右繞左者，不過愛換刀之方向耳，式亦同。其旋轉成垂刀繞體背時，無論其由左向右，由右向左，務將刀背近接體背，刀尖向下，刀口向後。右臂手微屈，握刀柄經過首上方）（平方及側方為揮轉）。

（十四）練習刀法，務時時注意刀口，不可稍忽。凡遇刀法接近身體而旋轉變動時，務將刀背及刀之平面，近接體部（刀口向外及向上下），以免自受危險。

（十五）動作所向之方，即是敵方。在平時練習時，務注意刀口及刀尖之所向，練習嫻熟，則擊敵時，自不致混亂。

（十六）轉刀口之法，初練習時，可以手背為特記，譬以右手握刀成正刀（刀背向上，刀口向下，刀尖向前，說明於第十二），伸向前平方，其手背向右外方，如轉刀口向上成仰刀（刀口向上，刀背向下，刀尖向前，詳明於第十二），其手背必向左內方。又譬如握刀揮向右平方，轉刀口向體後成平刀（刀口向體後，刀背向體前，刀尖向體右，詳明於第十二），其手背必向上。若轉刀口向前（仍是平刀），其手背必向下。其他動作，概類於此。學者當初練習時，當記手背所向，以便轉換刀口，久練之後，則自然得心應手。

（十七）轉變刀口，必須活潑敏捷；與右手臂之旋轉，須同時轉動，不能先行轉變刀口，而後再轉手臂，至要至要。

（十八）凡人之全體運動，以兩足立地穩實為基本。欲求兩足穩實，全係兩足尖所向之方向，是否適合。練習者凡遇步法之進退、轉變、起落，以及身體轉換方向時，兩足尖務取適合度數，同時動作，以穩實全體。

（十九）進退步時，兩足務極靈敏。蓋步法之進，係乘敵之疏，進步以擊敵；步法之退，係避敵之鋒，退步以讓敵。其間乘避，緩不待乎瞬息，練習者須明此旨。

（二十）活步者，係以左足立於右足前方一步，懸起足跟，繼而退回至右足前，以足跟近接右足，以足尖懸立，繼復仍前進至原地。其進退，謂之曰活步（活步係左足運動居多）。

（二十一）活進步者，係以左足立於右足前方一步，在右足將欲前進時，左足預先再前進一足地，右足繼向前進。其左足之進前一足地，謂之曰活進步（活進步亦惟左足運動居多。在運動活進步時，身體重點微向右後方，左足微懸起，急向前方）。

（二十二）躍進步者，概以左足原在前方，預先用一活進步，右足急速躍向左足之前方一步，左足急速復向右足之前方進一步（躍進步，成前弓後箭姿勢居多）（約右足未落地時，左足即已提向前方）。其旨在超躍急進，以收乘急進擊之利益（在躍進時，身體務必向前稍傾）。

（二十三）恨步者，係足懸起時，復向下用力蹬地之謂。有時特行將足提起，急向下方用力踏之，亦曰恨步（此恨步，足原立地，忽提起，急向下方用力著地。上項恨步，係足原懸起時）。

（二十四）步法之進退，如活步、轉身步等，腿如提腿、單腿及懸足等，每在足將懸起時，務將身體之重點，同時移向立地之實足。其進退時，身體務隨步所至，俯仰左右，均甚合度，不可有前俯後仰及左右傾歪之姿勢。

（二十五）旋風腿，兩腿足須盡力向高躍旋，惟足落地時，步度之大小，足尖之方向，尤宜注意，以免傾歪不穩之弊。

（二十六）退步步法，概由左足先退，右足繼退（有時右足先退，左足繼退）。然退步時每易致上體有不穩之現象，故於足之落地時，宜注意距離度數，及足尖之方向為要。

（二十七）身體之方向，無論如何變換，首宜直，胸宜挺，腹宜內吸。切忌垂頭弱頸，及有精神不振之象。

（二十八）馬襠姿勢，左右兩足相離一大步，兩腿下蹬（兩足尖向體前方），腿面平度（足尖與膝角上下互相直對），身體正直。

（二十九）前弓後箭姿勢，兩足前後相離一大步，前腿弓曲（膝角足尖，半面向前），後腿挺膝於後方（腿彎向後挺直），足跟著實（膝角足尖，亦半面向前）。

（三十）在練習時，其肺部之翕張，必較平時為急促，練習者，可以鼻呼吸，不能張口喘氣；練習畢後，可於運動場便步往來，以休息體力而平其呼吸。

（三十一）動作者，合諸手法、刀法、步法、腿法、身法而言。變動者，係動作所經過變轉形狀，故每一動作，其中須經過若干變動而成，欲以筆墨表明之，頗不容易，讀者如能以文字圖畫互相參證，必能領悟。

（三十二）動作即由變動而成，則變動即為攻擊掩護之要素明矣。練習者當初學時，可由變動之圖說，層次練成動作，既熟後，再將諸動作聯合而演之，則一氣貫串，自盡使用三義刀之能事矣。

（三十三）學習時，每演一動作畢，可略為休息（時間以一呼吸為限），一可分明動作之次第，一可校正自己之姿勢。

（三十四）各種動作即已練習純熟，則表演時須四路四十八動作一氣聯貫，不可稍為間斷；否則枝枝節節，即失卻使刀之功用。

（三十五）表演時，刀之所指，目即注視及之，方向則以胸之對方為標準。

（三十六）動作指之方向者，即是動作擊敵所向之方，譬如敵方在東，則動作必向東，其東即為動作指之方向是也。

（三十七）動作指之方向，雖即是敵人相抗擊處，然與身體之方向，時有不同者，蓋即拳術名家，所謂身法也，譬如身體向北，動作向西（西即是動作指），則西即為體之左側，其側方面積較小，體之正面較大，且有諸危險部，易受敵害，故以身體避向北，而出全力以擊其西也。

三義刀圖說　下編

武器分長短兩種，矛戟大刀之類，屬長器；單刀寶劍之類，屬短器。凡練習武器者，開始必從事於短器，而短器之中，尤必先以單刀為發硎（校點：指刀新從磨刀石上磨出來，十分峰利）之試。

先哲所傳使用單刀之成法，名目甚多，如八卦刀、連環刀、梅花刀等，不可勝數，而三義刀亦其一也，三義刀亦傳自少林派者，雖只四十八動作，而對於劈、斫、挑、撩、削、刺等種種使法，無不應有盡有，刀手相聯，身腿並用，進退莫測，夭矯如龍，掌不落空，而刀無虛發，極盡攻擊防禦之能事，洵刀法中之秘傳也。

尤可佳者，此刀法，無論何種動作，均切實用，毫無花腔；然平素練習既熟，臨時表演，則又能刀聲霍霍，寒光閃閃，使人心驚膽戰，是

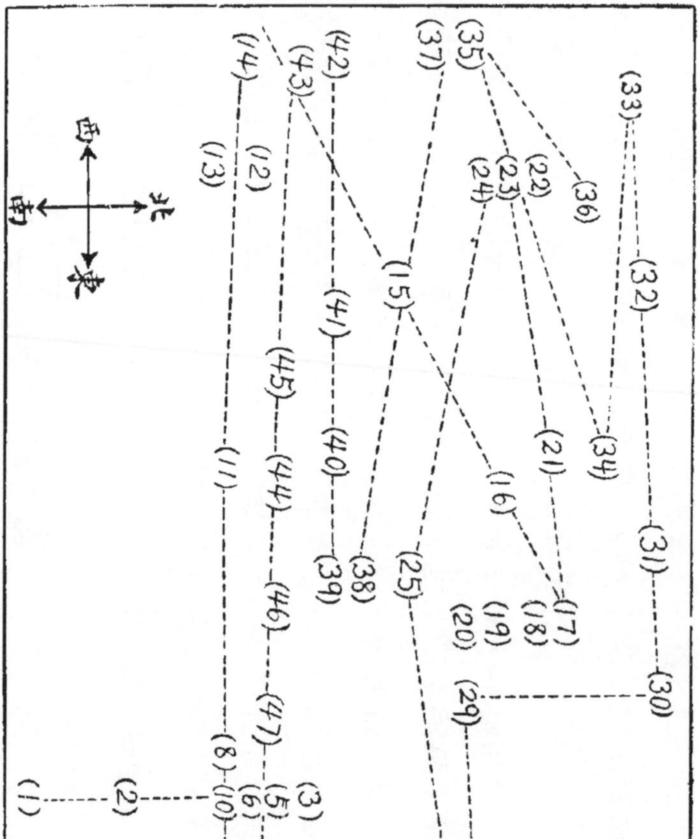

第一圖　三刈單刀刀路全圖

實用美觀，又兼而有之。

一圖係指示演習三義刀之步位者，虛線所指，即刀路之所經，其有許多數目重疊在一處者，即甲動作與乙動作在同一之地位也，讀者當細細體察之。

二圖為表示體部之各項名稱者，以下逐部動作之說明，均以是為根據。

三圖係表示左右兩臂，周圍之方向。所謂平方者，係以

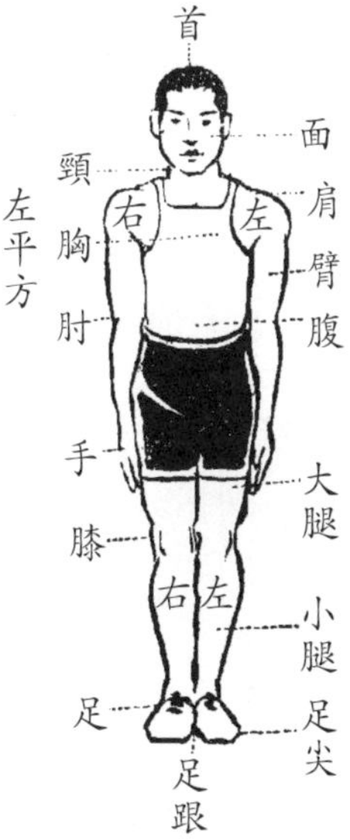

第二圖

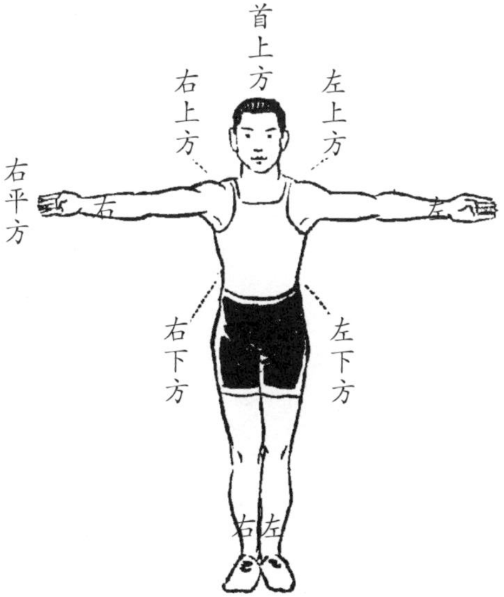

第三圖

臂掌伸直於側方，其掌與肩相平（臂成平線）為平方，在左為左平方，在右為右平方，在平方上者為（左右）上方，在平方下者為（左右）下方，他如在首部上方，即為首上方。

四圖係表示臂掌腿足之前後平方，兩手向前平舉，為手前平方；腿向前伸成水平，為足前平方；其餘看第四圖自明。

刀之製法，大概如五圖，練習者，務記明各部之名稱，庶練習時，不致錯亂，至於刀之樣式大小，可因人而異。

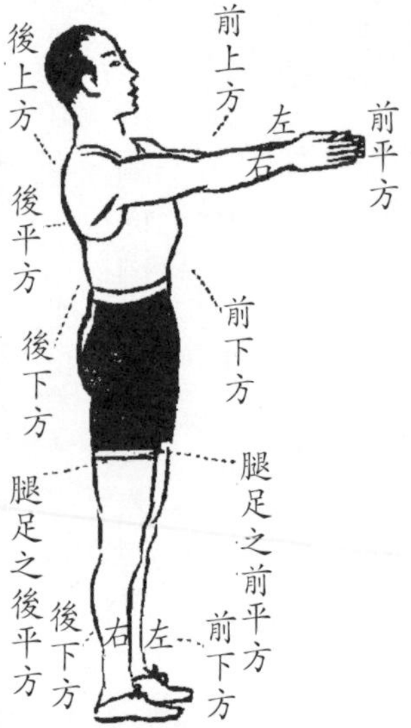

第四圖

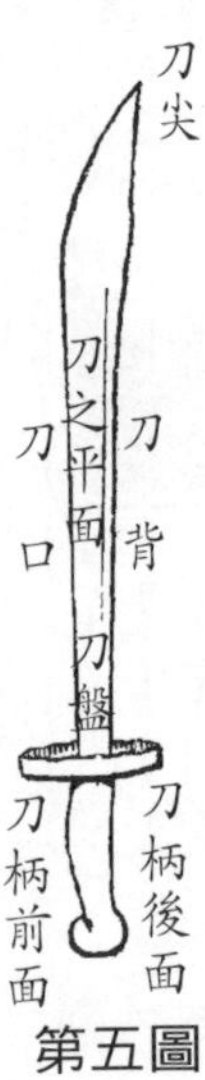

第五圖

三義單刀動作表

動作數	動作之名稱	變動數	路數
1	起點刀	3	1
2	進步獨立	3	1
3	前擊拳	2	1
4	合手刀	2	1
5	換手刀	2	1
6	護肘	2	1
7	右砍刀	2	1
8	上刺刀	2	1
9	後轉砍	2	1
10	後轉繞背	2	1
11	撒花蓋頂	2	1
12	翻雲轉（一）	4	1
13	拗花朝地龍（一）	3	1
14	繞背上刺刀（一）	2	1
15	退步一披砍	2	2
16	退步二披砍	2	2
17	退步三披砍	2	2
18	推刀	2	2
19	撩刀（一）	3	2
20	旋轉推刀（一）	2	2
21	躍進步繞背揮刀	2	2
22	翻雲轉（二）	4	2
23	拗花朝地龍（二）	3	2
24	繞背上刺刀（二）	2	2

三義單刀動作表

動作數	動作之名稱	變動數	路數
25	後轉連進步平揮蓋頂	3	3
26	翻雲轉推刀	4	3
27	撩　刀（二）	3	3
28	旋轉推刀（二）	2	3
29	繞背揮刀騎馬勢	2	3
30	後轉平揮坎	2	3
31	右　砍	3	3
32	活步旋轉刀	4	3
33	撩扦刀	4	3
34	連退雙繞刀	1	3
35	前進刺	4	3
36	偏步退砍	3	4
37	偏步進刺	2	4
38	躍進穿雲劈	3	4
39	換步轉身劈	2	4
40	三揮繞背轉（一）	2	4
41	三揮繞背轉（二）	2	4
42	三揮繞背轉（三）	2	4
43	劈　擊	3	4
44	旋風腿	2	4
45	左偏身右砍	2	4
46	平揮轉	2	4
47	退步勢	2	4
48	收刀獨立	2	4

第一路

第一動作（動作指北）

【名稱】起點刀（變動數三）

(1)、兩足立齊，身體端正（向北），面目前視（北）。左臂手握刀成直刀（先由右手自由取刀，接至左手。其左手以食指、中指、無名指、小指，握刀柄後面，以拇指握刀柄前面，手背向後，垂臂於左側），右臂手於遞刀後，垂直於右側（如六圖）。

第六圖

(2)、右臂掌，由右向上旋轉，至首部上方成反掌（臂微屈肘角向右）（反掌姿勢詳前）。同時，右足提起，屈膝向前（足尖向下，近接左膝）。

左臂手亦同時移貼至腰部，轉刀口向內（刀口向體之右側，刀尖向上，刀平面貼臂）（如七圖）。

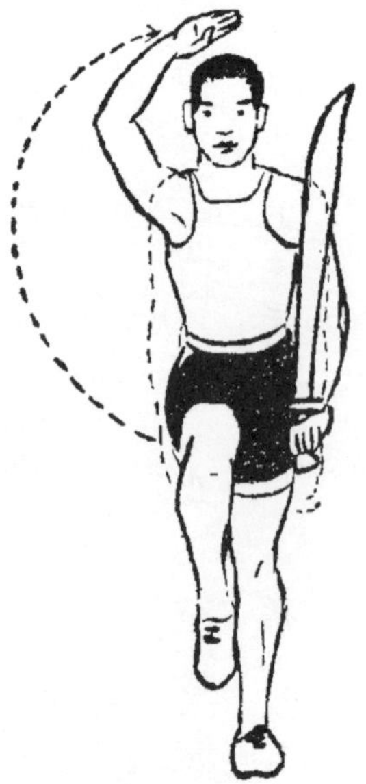

第七圖

(3)、右臂掌向下蓋至胸前，旋轉向下，復由右轉而向上，仍至首部上方成反掌；同時，左臂掌握刀柄，由胸前經右手內部向上（兩臂互相上下），旋轉向左而下，復至左腰部，仍成前項姿勢。

同時，右腿足用力著地成限步，急速蹬下（屈膝向前）；同時，左腿足直伸向前方立平（兩足及兩臂均同時動作，兩腿襠緊貼）。面目前視（北）（如八圖）。

第八圖

第二動作（動作指北）

【名稱】進步獨立（變動數三）

(1)、身體向左轉（轉成向西），面目右視（北）。右臂掌直向右前平方成正掌（詳前）；同時，左臂手向下，轉伸直於左後平方，刀隨臂轉成仰刀（刀尖以下平面，貼於體之肩背。刀背之中點，置於左臂之上部）。同時，左足向前半步，成前弓後箭之姿勢（詳前）（如九圖）。

第九圖

⑵、身體由右向後轉（轉成向東），面目轉成左視（北）。同時，左臂刀隨體，由左後平方向上，轉至左前平方，仍不動仰刀姿勢；同時，右臂掌，隨體由右前平方，向下旋轉，至右後平方成正掌（見前）。

同時，右足向左足前線一步，仍成前弓後箭之姿勢（詳前）（如十圖）。

第十圖

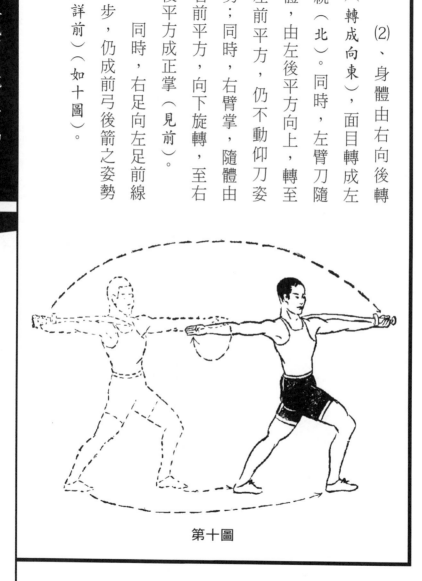

⑶、左腿足向左前方提高，屈膝向前（足尖向下接近右膝）。同時，左臂屈肘以下半臂向下，以手即置於左膝上部（肘角向左前方），刀臂隨轉成直刀姿勢（詳前）（刀之平面貼接左臂）；同時，右臂掌由右後方向上，以掌指貼置首部後方，屈肘角向右後方。

面目仍注視左前方（北）（如十一圖）。

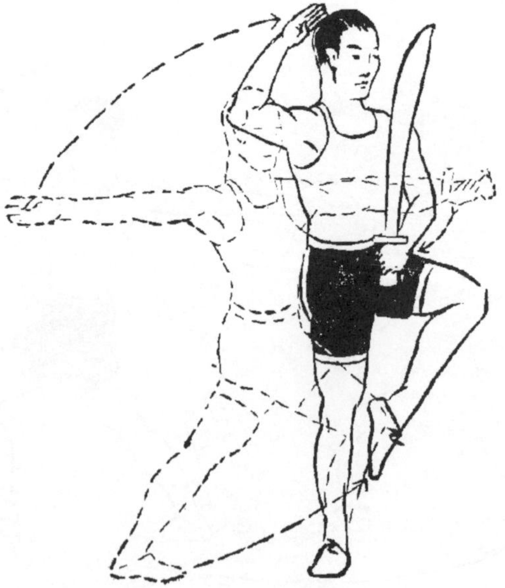

第十一圖

第三動作（動作指北）

【名稱】前擊拳（變動數二）

(1)、左足落向前方一步，成前弓後箭之姿勢（詳前）。同時，左臂向前上方伸直，刀隨臂轉成垂刀（刀背接貼體之背臂）；同時，右臂掌向下落至右腰部，成正拳（詳前）。面目注視左前方（北）（如十二圖）。

第十二圖

⑵、身體向左轉（北），面目前視（北）。同時，左臂落向下，屈肘向後，收手貼接左腰部，刀隨臂轉成直刀（手拗未動）（刀口向前，刀柄貼腰，刀尖向上，刀背貼臂）；同時，右臂拳向前平方直擊（如十三圖）。

第十三圖

第四動作（動作指北）

【名稱】合手刀（變動數二）

(1)、將右足向左足齊線之右方踏一步，兩足立於一線。同時，右拳成掌，收屈至胸前，向下旋轉，直臂轉至右平方，成正掌（詳前）；同時，左臂手握刀（手拗不動）由體前向上旋轉（刀隨臂轉），經胸前向左而至左平方，成仰刀（兩臂互相上下，惟左臂在右

第十四圖

臂內方）（刀背貼臂）（如十四圖）。

(2)、左足向右足靠齊立定。同時，兩臂向下落至腹部前方，兩手互接，左臂刀轉成直刀，右掌按於左手背部，兩臂微屈（刀隨臂轉，手拗不動）（刀口向右，刀尖向上）（刀平面貼臂）。

面目前視（北）（如第十五圖）。

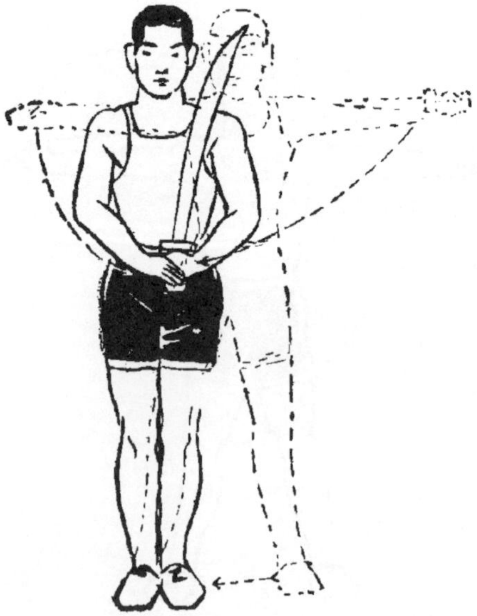

第十五圖

第五動作（動作指西）

【名稱】換手刀（變動數二）

(1)、面目向左注視（西）。

左足向左一步，右足隨之懸起。同時，左手將刀遞給右手，即向下旋轉，經左下方而至左平方成正掌（詳前）；同時，右手握刀成平刀（以食指、中指、無名指、小指，握刀柄前部，拇指握刀柄後部），向上旋轉至左上方，轉成垂刀（詳前），由左向

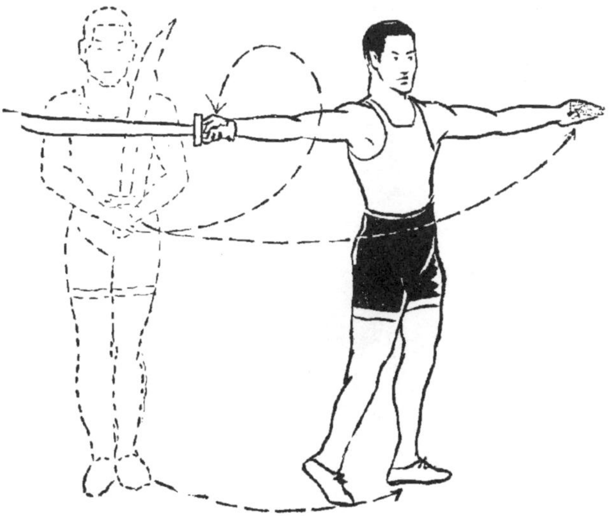

第十六圖

後，繞體背向右，而轉至右平方，成平刀（刀口向體前方，刀尖向體右方）（右臂握刀，向左上方轉時，臂微屈，刀旋轉至體背後時，刀背近接體背）（如十六圖）。

(2)、右足曲膝向前，緊貼左腿後彎（同時，身體重點移於右足）。同時，右臂刀向左前平方平砍，仍成平刀（刀口向體之左側後方，刀尖向體之左側左方）；同時，左臂掌，向上轉至首部左上方，成反掌（詳前（臂微屈，肘角向左）。面目注視左前方（西）（如十七圖）。

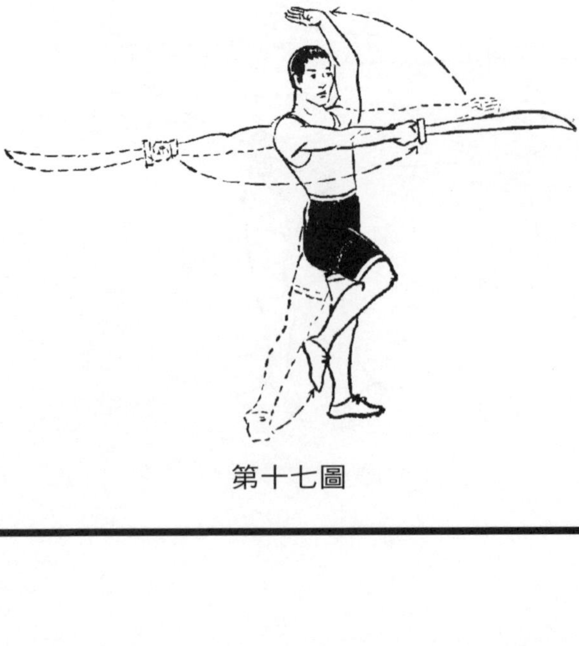

第十七圖

第六動作（動作指西）

【名稱】護肘（變動數二）

(1)、右足落向右後方一步（上項原地），左足隨之屈膝，向右後方提起（足尖向下，接近右膝，膝角向左前方）。

同時，右臂刀（轉刀口向下）成正刀，向下旋轉，而向上轉至右後平方成正刀；同時，左臂掌直向左前平方成正掌（詳前）（如十八圖）。

(2)、左足向左前方一步，兩腿

第十八圖

成前弓後箭之姿勢（詳前）。同時，屈左肘以下半臂，向下旋轉，屈掌成平拳（詳前），貼於胸部左方，肘角向左；同時右臂刀（**轉刀口向上成仰刀**）向上經首部上方（**此時右刀轉成直刀**），向左前方砍下（**係在左手外部**），轉向下收回至右後下方，成正刀（**刀口向下，刀尖向左**）（**刀平面貼接右腹前下方**）。

面目注視左前方（**西**）（**如十九圖**）。

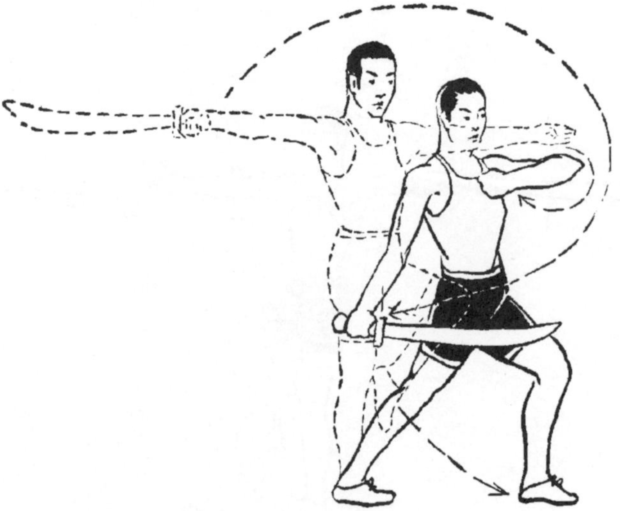

第十九圖

第七動作（動作指東）

【名稱】右砍刀（變動數二）

(1)、面目轉向右方注視（東）。同時，左足向左轉，右足收回至左足立線之右方，以足尖懸立（膝微屈，足尖膝角均向右方）（收回右足步約半）。同時，右臂握刀之手，隨同右腿向左，轉至腹部前方，仍正刀不動；左臂拳成平掌（詳前），向下至腹部前方，按右手背部（兩臂均微屈）（如二十圖）。

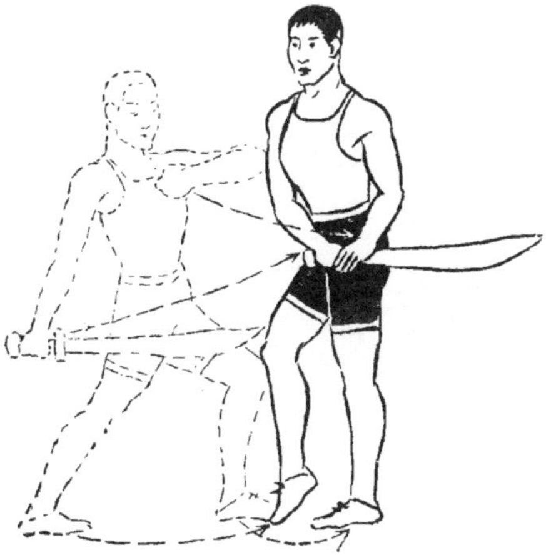

第二十圖

(2)、右足復向右方一步（原前地位），直立（與前一變動之右足收回成一活步）；左足急速隨之向右一步，以足尖懸立（距右足約半步）（膝微屈，足尖與膝角向體之前方）。

同時，右臂刀（轉刀口向上）成仰刀，由左向上旋轉，由上直向右平方砍擊，成正刀，刀口向下，刀尖向體之右方；同時，左臂掌向下旋轉，經左下方向上，至左平方成正掌（詳前）（如二十一圖）。

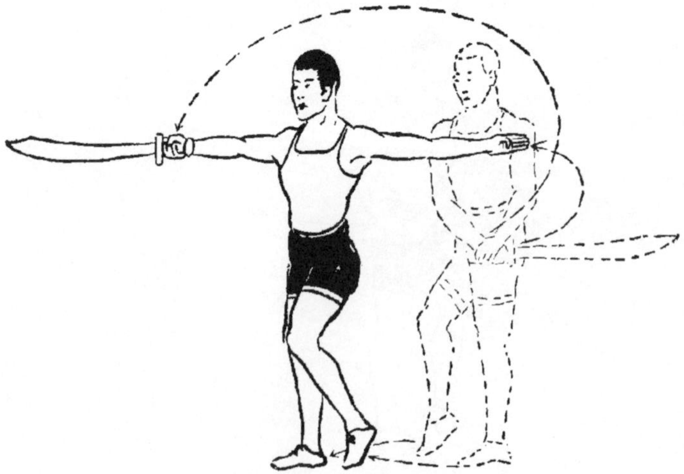

第二十一圖

第八動作（動作指西）

【名稱】上刺刀（變動數二）

(1)、身體半面向左轉（西北），面目向左注視（西）。同時，左足向左一步立直，右足隨之向左半步，以足尖懸立（膝微屈，足尖膝角，均向左前方）。同時，左臂掌，向上旋轉，經首部上方向下，由胸腹前部，轉而向左上方，成反掌（臂微屈，肘角向左）；同時，右臂刀，轉成垂刀，向下至右後下

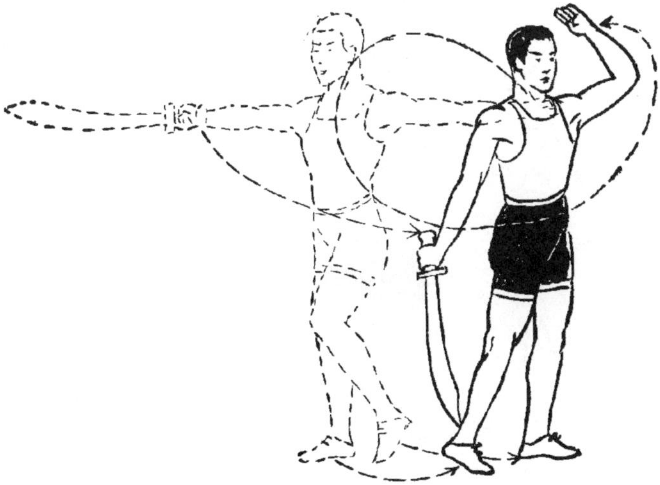

第二十二圖

方（刀口向右後方，刀尖向下方）（如二十二圖）。

⑵、身體半面向左轉（即動作指之西向正面）；同時，右足向左足之前方約一足地，以足尖懸立，兩腿下蹬（右腿面約平度）。

同時，右臂刀由後下方成正刀，以刀尖向前上方直刺，至前平方，轉成直刀（刀背直對鼻部）；同時，左臂掌（成平掌）由前上方向下按，置於右臂手腕上部，面目前視（西）（如二十三圖）。

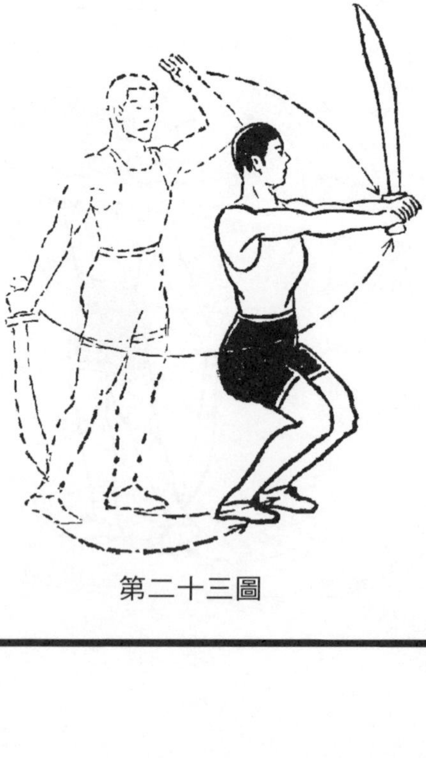

第二十三圖

第九動作（動作指東）

【名稱】後轉砍（變動數二）

⑴、身體向右轉（北），面目轉向右視（東）。同時，右足向右一步直立，左足隨之向右半步，以足尖懸立（膝微屈，足尖膝角均向右前方）。

同時，右臂刀由上砍向右平方成直刀，左臂掌亦同時屈向胸前旋轉向下，轉向左，而至左平方成正掌（如二十四圖）。

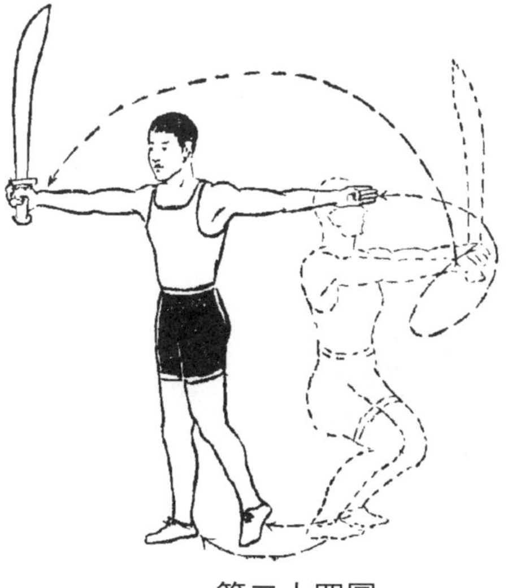

第二十四圖

⑵、身體向右轉（即動作指之東正面）；同時，左足向右足前約一足地，以足尖懸立，兩腿下蹬（左腿面平）。

同時，左臂掌由左後方向上，轉向前平方，按置右臂手腕上部。面目前視（東）（如二十五圖）。

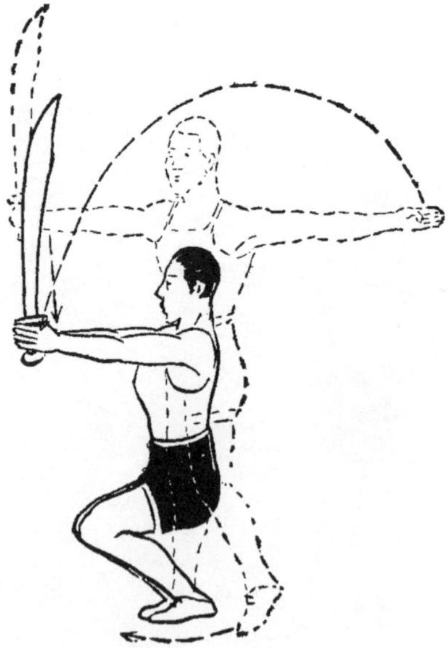

第二十五圖

第十動作（動作指西）

【名稱】後轉繞背（變動數二）

(1)、身體向左轉（北），面目轉向左視（西）。同時，左足向左半步，以足尖懸立（膝微屈，足尖膝角均向左）。同時，右臂刀成平刀（刀口向外，刀尖向左），旋轉向首部左上方轉成垂刀（刀口向外，刀尖向下），再繞體背向右平方成平刀（旋轉至體背時，刀背接近體背）；同時，左臂手由胸前向下旋

第二十六圖

轉，經腹部前下方，轉向左前平方成正拳（如二十六圖）

(2)、身體向左轉（西），同時，左足向前半步立穩，兩腿成前弓後箭之姿勢（詳前）。同時，左臂掌向上，至首部上方成反掌（臂微屈，肘角向左）；同時，右臂刀由右平方向前平揮至體部前方（轉刀口向前），成平刀（刀口向前，刀尖向左）（如二十七圖）。

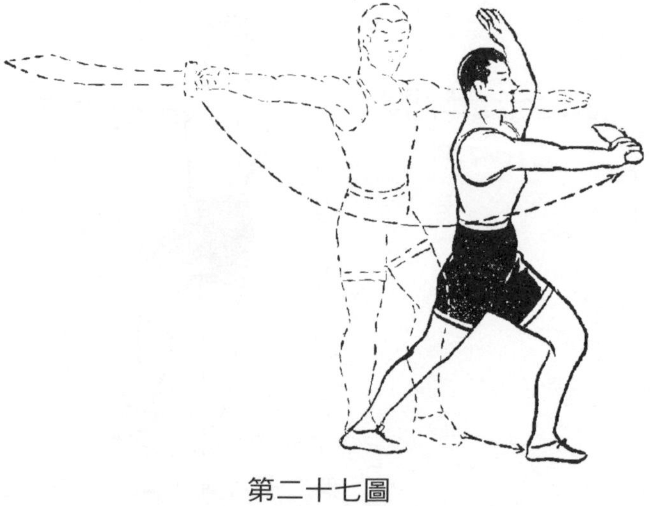

第二十七圖

第十一動作（動作指西）

【名稱】撒花蓋頂（變動數二）

(1)、左足提起，急向前方約一足地，成一活進步（此時左臂微向右屈，右臂微向左屈），右足急速隨之伸向左足前方（將成躍跨之姿勢）（左足獨立，即是躍步之第一步）。同時，左臂掌向左平方，成平掌（詳前），右臂刀則同時向右平方揮擊成平刀。面目前視（西）（如二十八圖）。

第二十八圖

(2)、右足和體躍向前方落地，左足急速躍向右足之前方一步（成躍進步），兩腿即成前弓後箭姿勢（詳前），同時，左臂掌由左平方向旋轉，經腹部前方向上，轉至首部上方成反掌（詳前）（臂微屈，肘角向左）；同時，右臂刀（轉刀尖向後，反手背向下）旋轉至後上方（此時轉刀口向前成平刀），向前經首部上方，向下蓋至前下方（向下時係由左臂外部），仍成平刀姿勢（刀口向前，刀尖向左）（如二十九圖）。

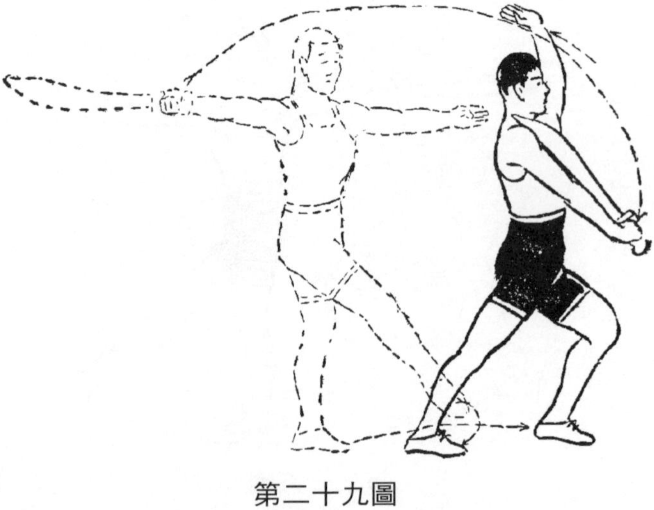

第二十九圖

第十二動作（動作指西）

【名稱】翻雲轉（變動數四）

⑴、左足提起，急向前方，約一足地，成一活進步，右足隨之向前半步，以足尖懸立（膝微屈，足尖膝角均向前）。

同時，左臂掌向左平方成平掌，右臂刀揮向右平方，仍成平刀。面目前視（西）（如三十圖）。

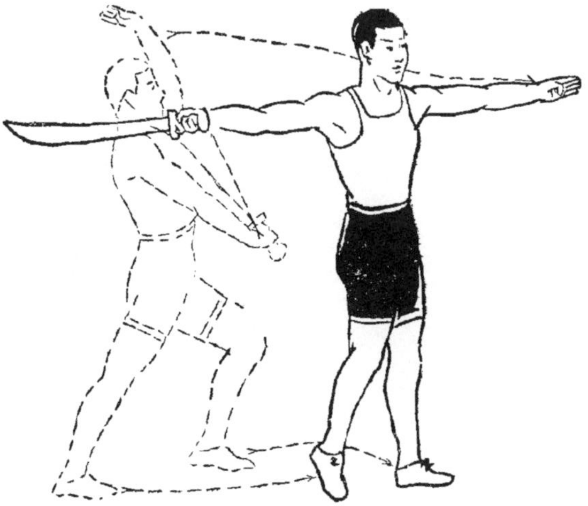

第三十圖

(2)、右足向左足之前方一步，直立；同時身體向右轉（北），面目左視（西）。左足急速向左前方，屈膝提高（膝角向前，足尖向下，接近右膝）。

同時，左臂掌由左平方向下旋轉，經腹部前方向上，轉至胸前，屈臂貼胸，掌成反掌，貼置右脅下方；右臂刀亦同時由右平方，轉刀口向上，經首部上方，砍向左前平方，成直刀姿勢（右臂屈貼於左臂外部）（如三十一圖）。

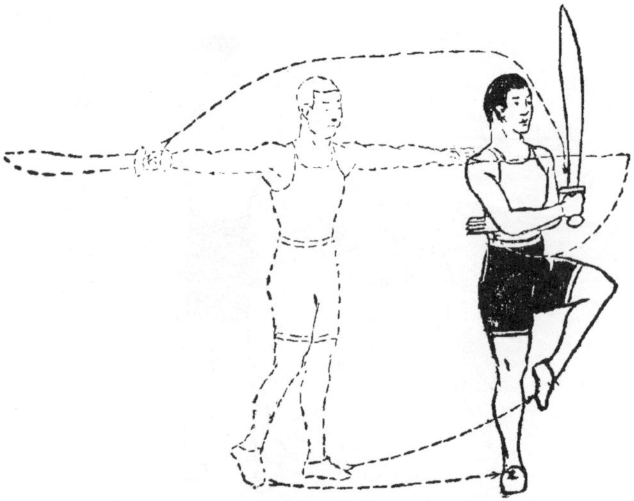

第三十一圖

⑶、左足落立原懸地處直立，同時右腿足屈膝懸起（膝角向右，足尖向下，接近左膝）；同時，身體由右向後轉（南），面目轉向右視（西）（左足尖為軸而轉，右腿足隨體旋轉）（兩足上下及身體旋轉，務急速同時為要）。

同時，兩臂落至腹部前方，互成交叉（兩臂均微屈，左臂貼腹，右臂在左臂外部），惟右臂刀，轉成平刀於體之左側（如三十二圖）。

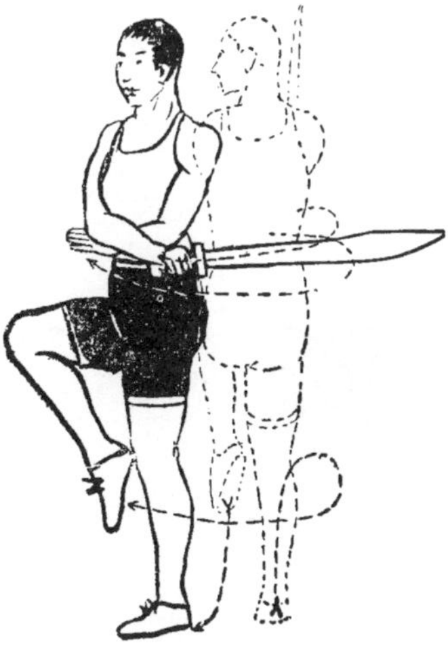

第三十二圖

地，兩腿成前弓後箭姿勢（詳前）。

(4)、右足向右前方一步落

同時，左臂掌向左平方成平掌（詳前），右臂刀向右平方揮去，仍成平刀（刀口向右前方，刀尖向體前方）（如三十三圖）。

第三十三圖

第十三動作（動作指西）

【名稱】拗花朝地龍（變動數三）

⑴、右臂刀尖向下，轉成垂刀（刀口向右前方）（手拇指在下，手背與體正面，同一方向），以刀尖由下向左上方，旋轉上挑，復轉刀口向右平方砍成正刀（旋轉時，手拗務活潑靈捷，臂微屈，至右平方時，臂須直）；同時，屈左臂肘以下半臂，旋轉向上，轉而向下，繞一圓形，復至左平方成正掌。同時，左足向後直

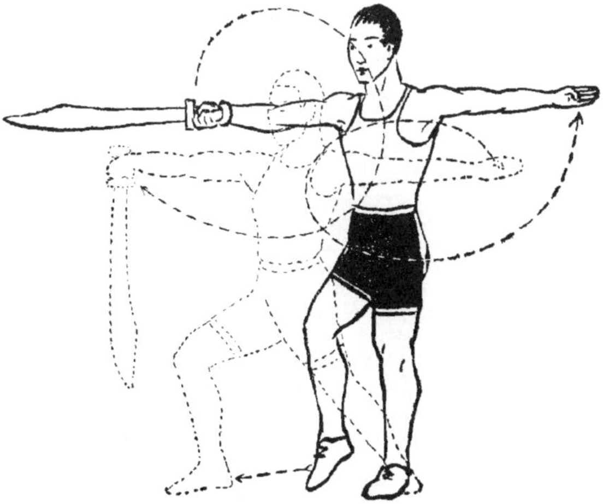

第三十四圖

起，右足收回半步，以足尖懸立，膝微屈（足尖膝角，均向右前方）（如三十四圖）。

(2)、身體由右後轉（北），同時，右足隨體轉向左足立處一跳步直立，左足亦同時隨體轉向右足立處跳步，以足尖懸立，膝微屈（右足尖向體正面前方，左足尖膝角，均向左前方）（兩足互換立場，均同時，在右足將隨體轉，未落左足立處時，左足急懸起，向左前方）。面目轉向左視（西）。同時，右臂刀隨體旋轉向右

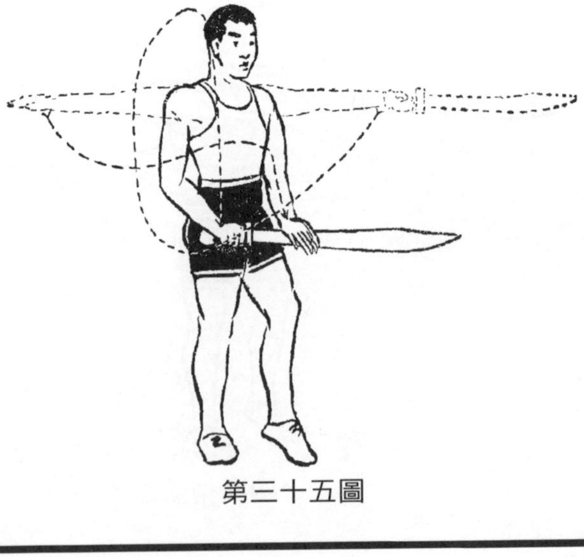

第三十五圖

下方披砍，再旋轉向上，經右平方而至首部上方，向下蓋至腹前部，成正刀；左臂掌由下向上屈臂轉貼左脅下方，向前下方成平掌，按於刀柄之背部（如三十五圖）。

⑶、左足向左前方斜出，與地面成銳角；同時，右腿下蹬（膝角足尖向左斜方）。

右臂正刀，抽向右後下方；左臂掌按刀背，抹向左前下方，成正掌（詳前），近接在膝上部（刀口向下，刀尖向左前方）（如三十六圖）。

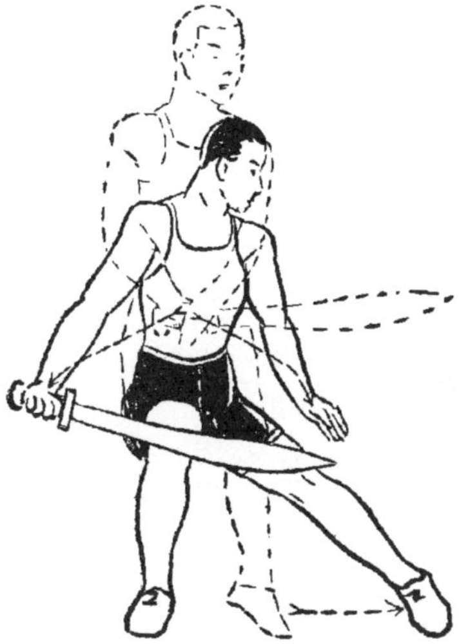

第三十六圖

第十四動作（動作指西）

【名稱】繞背上刺刀（變動數二）

(1)、兩腿直起，身體重點向前；同時，左腿直立（支持身體重點），右足隨之向前半步，以足尖懸立於後方，膝微屈（足尖膝角均向左前方）。同時，左臂掌向右上方轉至胸之右前方，復向左下方旋轉，經左平方而至左上方成反掌（臂微曲肘角向左）；同時，右臂刀旋轉向前上方，轉向首部左上方而成垂刀（詳前），再向後繞體背，向右後下方成正刀。面目左視（西）（如三十七圖）。

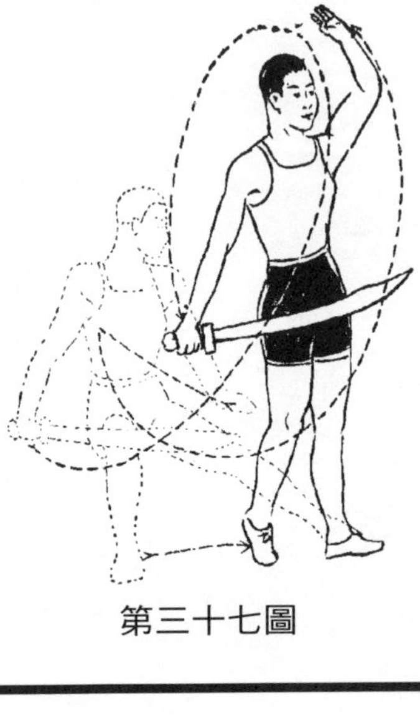

第三十七圖

(2)、身體向左轉（西），面目前視（西）。右足向前方之左足並立。

同時，右臂刀（正刀）以刀尖刺向前平方，成直刀（刀口向前方，刀尖向上方）；同時，左臂掌蓋向前平方，成平掌，按置右手腕上部（如三十八圖）。

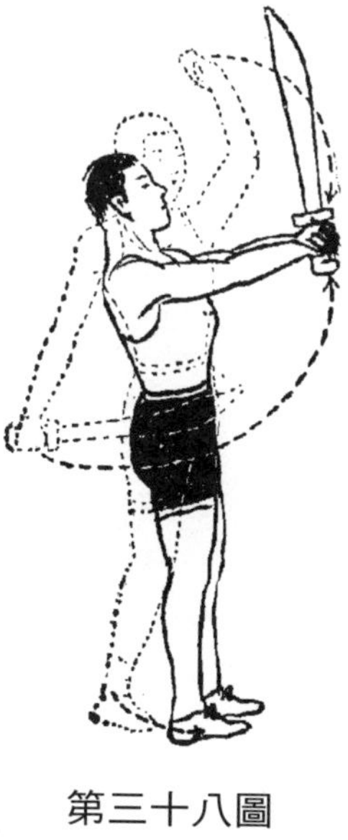

第三十八圖

第二路

第十五動作（動作指西）

【名稱】退步一披砍（變動數二）

(1)、左足退至右足後半步，身體半面向右轉（西北），（面目注視原方向，西）。同時，右臂刀向下一披，而至右後下方，轉成垂刀，左臂掌直向左前上方成正掌（詳前）（如三十九圖）。

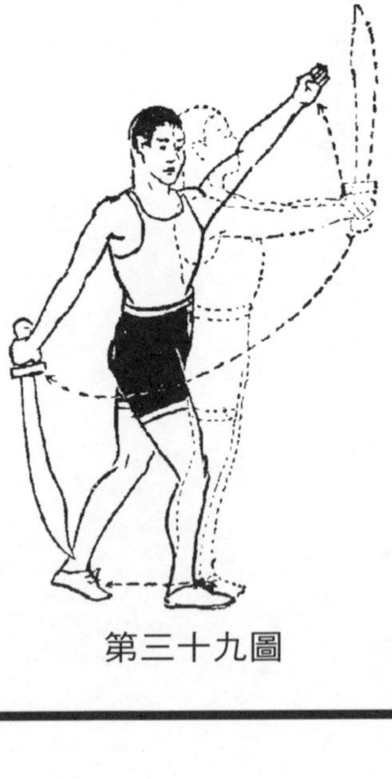

第三十九圖

(2)、右足退向左足之右後方步（係向東北斜角）（左腿同時弓屈，右腿同時伸直），兩腿成前弓後箭之姿勢。

同時，左臂掌向右下方旋轉而向上，至右脅下成反掌（詳前），屈臂貼胸；右臂刀（轉刀口）由右向上經右上方，砍向左前平方，成直刀（臂微屈）（刀口向左前方，刀尖向上）（如四十圖）。

第四十圖

第十六動作（動作指西）

【名稱】退步二披砍（變動數二）

(1)、左足退至右足後方半步直立。

同時，右臂刀向下一披，而至右後下方，轉成垂刀，左臂掌亦同時直向左前上方成正掌（詳前）（如四十一圖）。

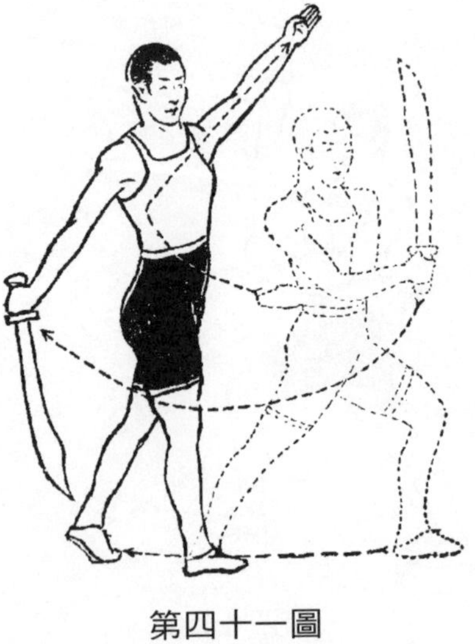

第四十一圖

(2)、右足退向左足之右後方一步（係向東北斜角）（左腿同時弓屈，右腿同時伸直於後方）（成前弓後箭姿勢）。

同時，左臂掌向右下方旋轉而向上，至右脅下，成反掌（詳前），屈臂貼胸；右臂刀（轉刀口）亦同時由右向上，經右上方砍向左前平方成直刀（臂微屈）（刀口向左前方，刀尖向上）（如四十二圖）。

第四十二圖

第十七動作（動作指西）

【名稱】退步三披砍（變動數二）

(1)、左足退至右足後方半步（直膝）。

同時，右臂刀向下一披，而至右後下方，轉成垂刀；左臂掌亦同時直向左前上方，成正掌（詳前）（如四十三圖）。

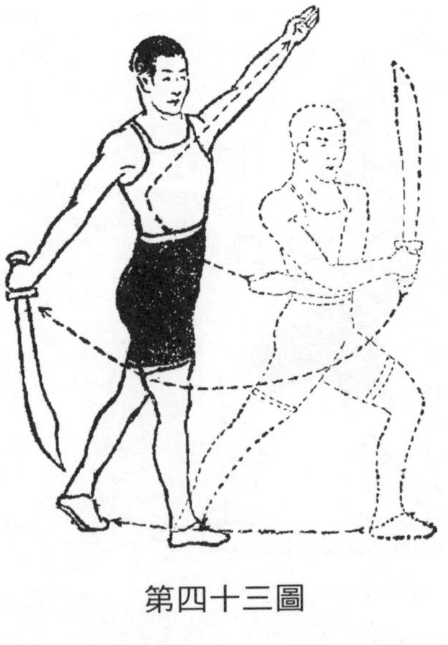

第四十三圖

(2)、右足退向左足之右後方一步（係向東北斜角）（同時左腿弓屈，右腿伸直於後方）（成前弓後箭之姿勢）。

同時，左臂掌向右下方旋轉而向上，至右脅下，成反掌（詳前），屈臂貼胸；右臂刀（轉刀口），亦同時由右向上，經右上方砍向左前平方成直刀（臂微屈）（刀口向左前方，刀尖向上）（如四十四圖）。

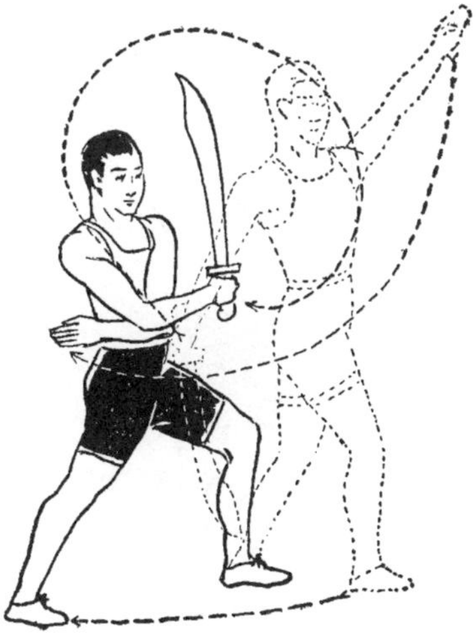

第四十三圖

第十八動作（動作指東北）

【名稱】推刀（變動數二）

(1)、身體半面向右轉（北），面目半面向右斜方注視（東北）。同時，左足直起，右足收回至左足之右前方，以足尖懸立，膝角微屈（右足跟接近左足，其足尖膝角，均向右前方）。同時，右臂刀向下揮轉，左臂掌亦向下旋轉，各分向左右而向上，經平方轉至首上方，其右臂刀轉成仰刀，左臂掌貼接右手背部（如四十五

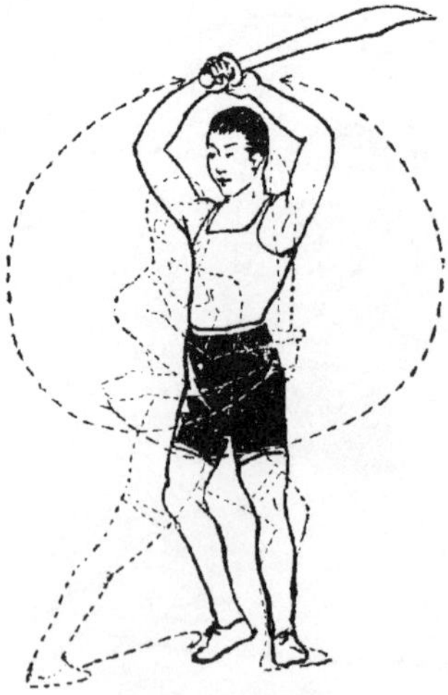

第四十五圖

圖）。

⑵、身體半面向右轉（東北）（面目前視東北），右足向前一此弓屈，左腿直膝於後方（成前弓後箭勢）。

同時，右臂刀（轉刀口向下）蓋向左下方，經體前推向右前平方成垂刀（刀口向前，刀尖向下）；左臂掌仍貼右手背部，隨右臂刀推向前平方（如四十六圖）。

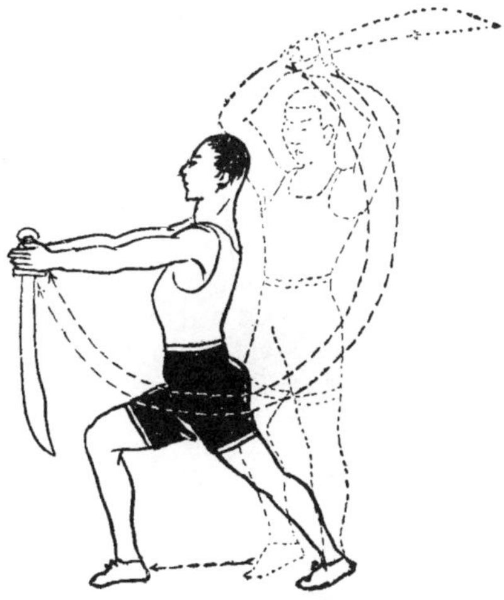

第四十六圖

第十九動作（動作指西南）

【名稱】撩刀（變動數三）

(1)、身體向左轉（西北），面目轉向左視（西南）。

同時，左腿弓屈，右腿直膝於後方（成前弓後箭勢）。左臂掌落至右下方腹部，右臂刀亦同時落向左下方腹部（兩臂互成交叉，左臂貼腹，右臂在左臂外部），轉成正刀（如四十七圖）。

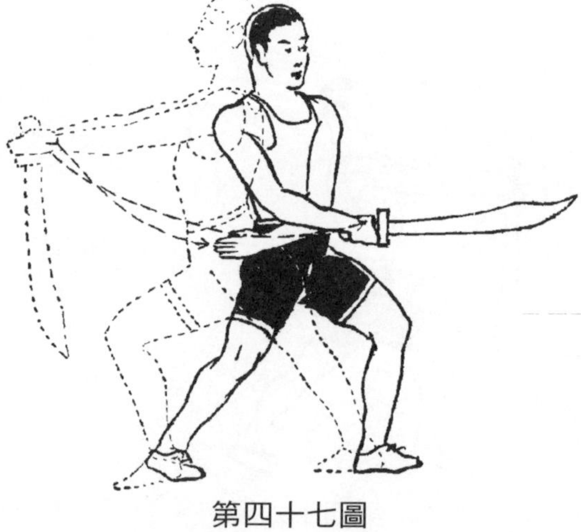

第四十七圖

⑵、右臂刀由左下方向上旋轉，經首上方砍向右下方，成正刀；左臂掌，同時由右下方向下旋轉，向左經左平方而至左上方，成反掌（詳前）（如四十八圖）。

第四十八圖

(3)、身體向左轉，面目前視（西南）。

同時，右臂刀撩向前平方，成仰刀（刀口向上，刀尖向前）；左臂掌向下蓋至前平方，成平掌（詳前），按置右手脈部（如四十九圖）。

第四十九圖

第二十動作（動作指東北）

【名稱】旋轉推刀（變動數二）

(1)、身體向右轉（西北），面目轉向右視（東北）。左腿直起，右腿足收回至左足之右線，以足尖懸立，膝角微屈（**足跟接近左足，足尖膝角，均向右前方**）。

同時，左臂掌由胸前向右上方旋轉，經右肩前部向上，轉而向左，經左平方向下而至腹部前方；右臂刀亦同時由下旋轉向右，經右平方向上，

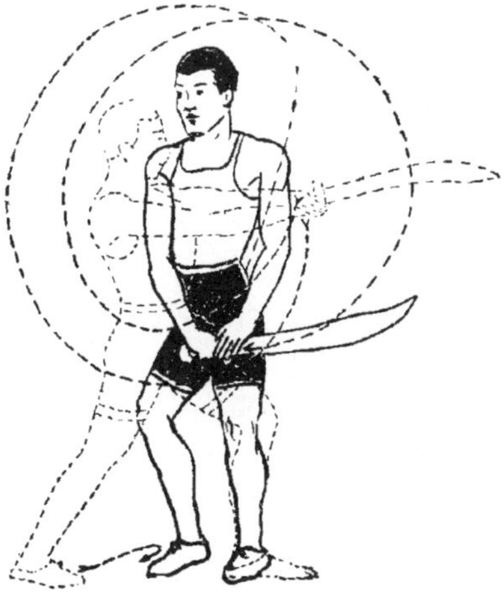

第五十圖

由上向下蓋至腹部前方，成正刀（左掌安置右手背部）（如五十圖）。

(2)、身體向右轉（東北）（面目前視東北），右腿足向前一步弓屈，左腿直膝於後方（成前弓後箭）。

同時，右臂刀及左臂掌，由腹前同向前平方推出，惟右臂刀轉成垂刀（刀口向前，刀尖向下）（如五十一圖）。

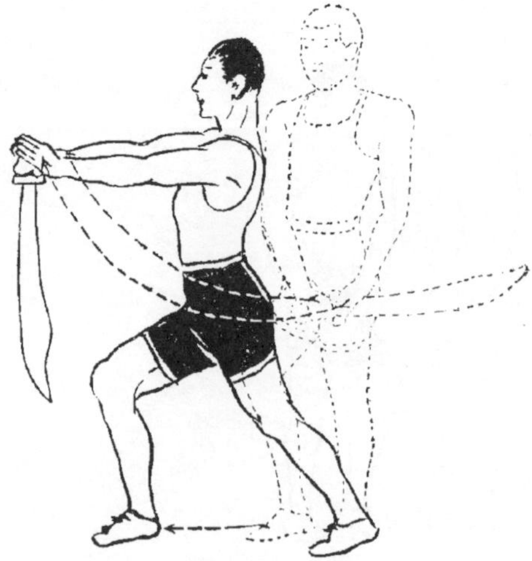

第五十一圖

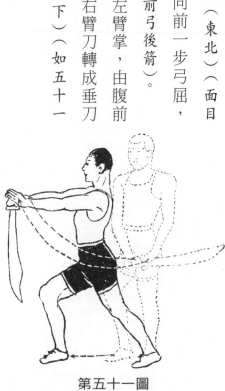

第二十一動作（動作指西）

【名稱】躍進步繞背揮刀（變動數二）

(1)、身體向左轉（西北），面目左視（西）（同時身體重點，移至左足），左腿足直立，右腿足同時伸向左足之前下方（足尖向前，足拗平度）。右臂刀由下轉成正刀（刀口向下，刀尖向左），向左上方而轉至首上方，轉成仰刀，左臂掌向下落至腹部前方右側（臂微曲，貼接腹部。）（如五十二圖）。

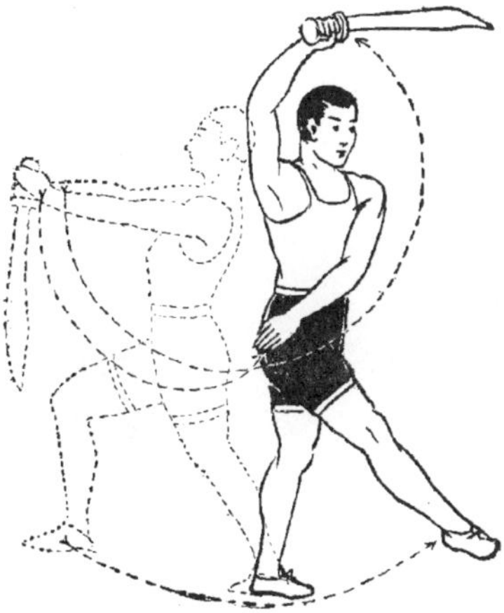

第五十二圖

⑵、身體半面向左轉（西）（面目前視西），同時右腿足僅體向前落下，左腿足急速躍向右足前線一步弓屈（右腿膝伸直，成前弓後箭）（在右足將落地時，身體重點及左足，務靈捷躍向前方）。

同時，右臂刀轉成垂刀，由左繞體背向右，經右平方揮向前平方，轉成平刀（刀口向前，刀尖向左）；同時，左臂掌向左旋轉，經左平方向上，而至首上方，成反掌（詳前）（臂微曲，肘角向左）（如五十三圖）。

第五十三圖

第二十二動作（動作指西）

【名稱】翻雲轉（變動數四）

(1)、左足提起，急向前方約一足地（成一活進步），直立，右足急速隨之伸向左足前方（成將躍跨姿勢）。

同時，左臂掌向左平方成平掌（詳前），右臂刀則同時向右平方揮擊成平刀（面目前視敵方）（如五十四圖）。

(2)、右足向原懸處之前方落下

第五十四圖

直立，同時身體向右轉（北），面目左視（西），左足急速向左前方，屈膝提高（膝角向前，足尖向下，近接右膝，腿面平度）。

同時，左臂掌由左平方向下旋轉，經腹部前方向上，轉至胸前，屈臂貼胸，轉掌成反掌，貼置右脅下方；右臂刀亦同時由右平方（轉刀口向上）向上至首部上方，砍向左前平方成直刀（右臂屈貼左臂外部）（如五十五圖）。

(3)、左足落立原懸地處，右

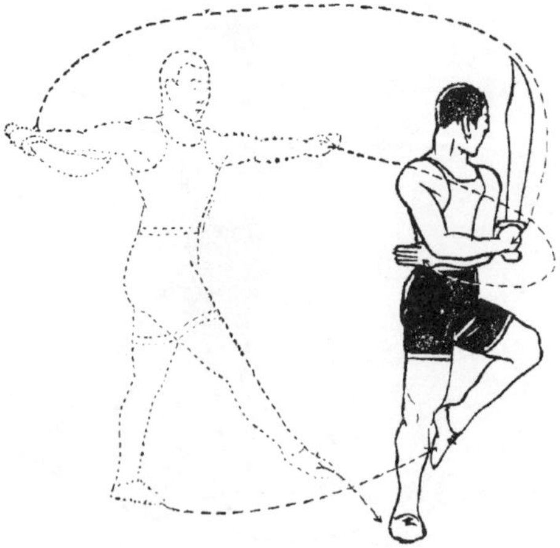

第五十五圖

腿足同時屈膝懸起（膝角向右，足尖向下，接近左膝）；同時，身體由右向後轉（南），面目轉向右視（西）（左足尖為軸成轉，右腿足隨體旋轉）（兩足起落，及身體旋轉，務急速同時為要）。

兩臂同時落至腹部前方，互成交叉（兩臂均微屈，左臂貼腹，右臂在左臂外部），惟右臂刀轉成平刀於體之左側（如五十六圖）。

第五十六圖

(4)、右足向右前方一步落立弓屈，左腿直膝於後方（成前弓後箭）。同時，右臂掌向左平方成平掌（詳前），左臂刀向右平方揮成平刀（刀口向右前方，刀尖向體前方）（如五十七圖）。

第五十七圖

第二十三動作（動作指西）

【名稱】拗花朝地龍（變動數三）

(1)、右臂刀轉刀尖向下成垂刀（刀口向右前方，刀尖向下）（右手拇指向下，手背與體正面，同一方向），以刀尖由下向左上方旋轉上挑，經首上方，轉刀口向右平方砍成正刀（旋轉至胸前時，臂約微屈；轉至右平方，臂須平直）；同時，屈左臂肘以下半臂，向上旋轉，經胸前向下，復至左平方成正掌（詳前），繞

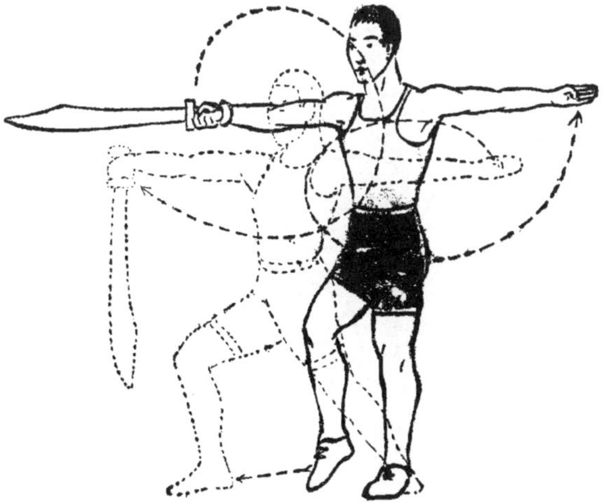

第五十八圖

一圓形。同時，左足直起，右足收回半步，以足尖懸立，膝微屈（足尖膝角向右前方）（如五十八圖）。

(2)、身體由左向後轉（北），面目左視（西）；同時，右足跳向左足立線直立，左足亦跳向右足立線，以足尖懸立，膝微屈（兩足互換立線，均與體轉同時，左右足將隨體轉，未落左足立線時，左足急速懸起，跳向右足之前立線）。右臂刀同時（與身體轉變同時）向右下方披砍，旋轉向上，經右平方而至首上方，轉向下蓋

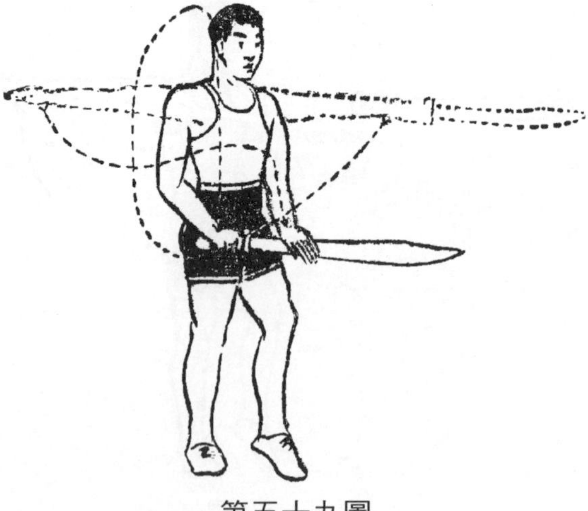

第五十九圖

至體腹前部成正刀；左臂掌則同時由下向上，屈臂貼置左脅下方，隨體轉向前下方成平掌，按置刀柄背部（如五十九圖）。

(3)、右腿下蹬，左足向左前方，僅體向下支開（足尖向體正面前方）（足尖膝角，向左斜方）。

同時，右臂正刀，抽回右後下方；左臂掌按刀背抹向左前下方，成正掌（詳前），近接左膝上部（刀口向下方，刀尖向左前方）（如六十圖）。

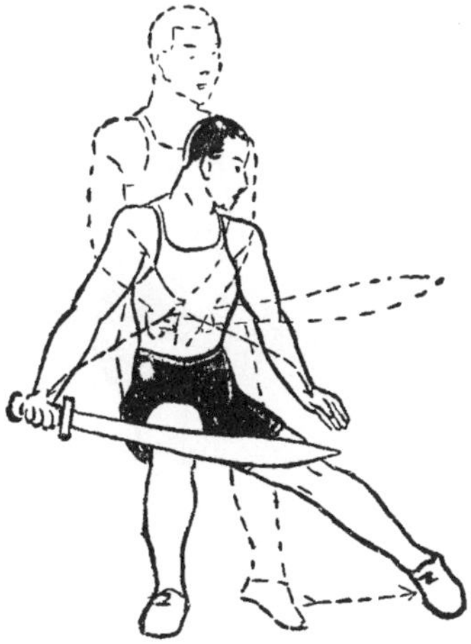

第六十圖

第二十四動作（動作指西）

【名稱】繞背上刺刀（變動數二）

(1)、兩腿及身體直起，左腿足直立（身體重點，同時移向左足），右足隨之向前半步，以足尖懸立，膝微屈（足尖膝角，向左前方）。

同時，左臂掌向右上轉至胸之右前方，復向左下方旋轉，經左平方，而至左上方成反掌（詳前）（臂微屈，肘角向左）；同時，右臂刀向前上方旋轉，而至首部左上方，轉成垂

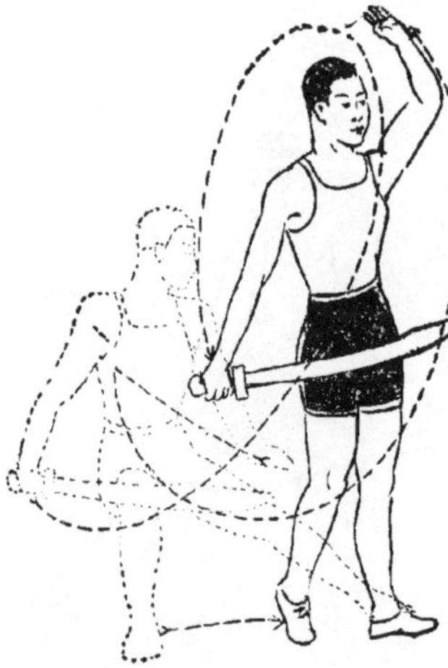

第六十一圖

刀，向後繞體背向右後下方，轉成正刀（如六十一圖）。

⑵、身體向左轉（西），面目前視（西）；同時，右足向前方之左足立線立齊。

右臂刀同時刺向前平方成直刀（刀口向前，刀尖向上），左臂掌亦同時蓋向前平方，成平掌，按置右手腕上部（如六十二圖）。

第六十二圖

第三路

第二十五動作（動作指東）

【名稱】平揮蓋頂（變動數三）

(1)、身體由右向後轉（東），面目隨體轉向前視（東）；同時，右足向前一步，左足急速隨之向右足之前線一步直立（右足跟懸起，足尖懸立）。

右臂同時屈貼胸前下方，轉刀在

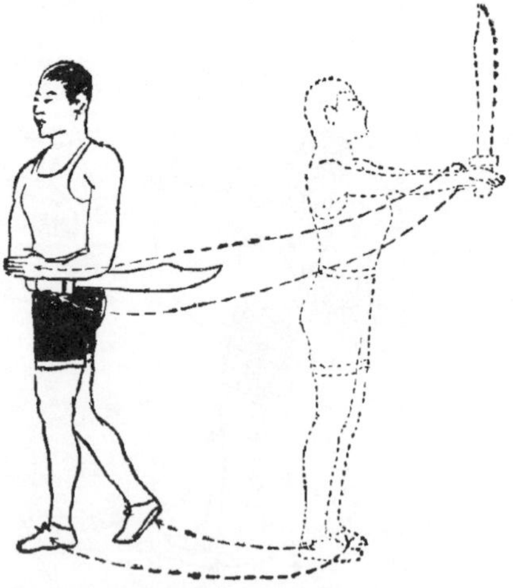

第六十三圖

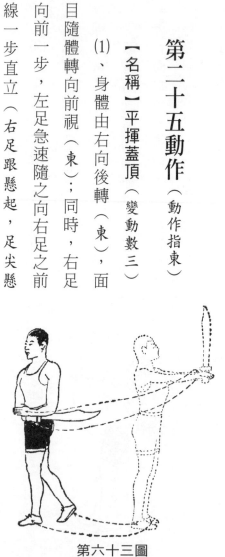

體之左側成平刀；左臂屈肘向後，貼於體左，掌仍置於右手背部（如六十三圖）。

(2)、右足伸向前下方（足尖平度向前），將左足立穩。

同時，右臂刀由前平方揮向右平方，仍成平刀；左臂掌亦同時伸向左平方，成平掌（詳前）（如六十四圖）。

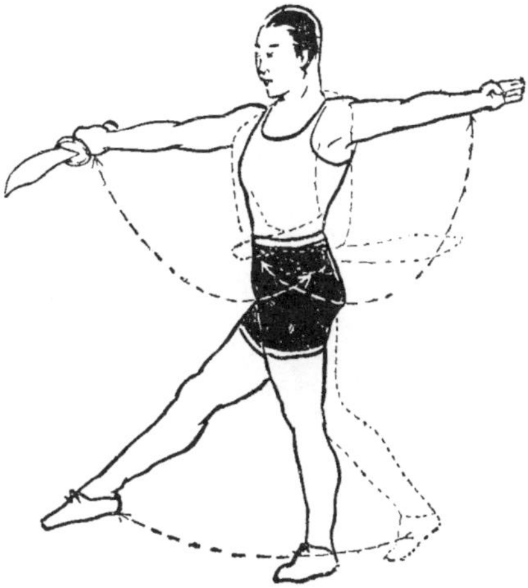

第六十四圖

⑶、右足向前落立，左足急速躍向右足之前方一步（與右足之向前落立，成一躍進步）（兩腿即成前弓後箭姿勢）。同時，左臂掌由左平方向下旋轉，經腹部前方向上，轉至首上方成反掌（詳前）（臂微曲，肘角向左）；同時，右臂刀（轉刀尖向後反，手背向下）旋轉至後上方（此時轉刀口向前成平刀），向前經首上方，向下蓋至前下方（向下時係由左臂外部），仍成平刀姿勢（刀口向前，刀尖向左）（如六十五圖）。

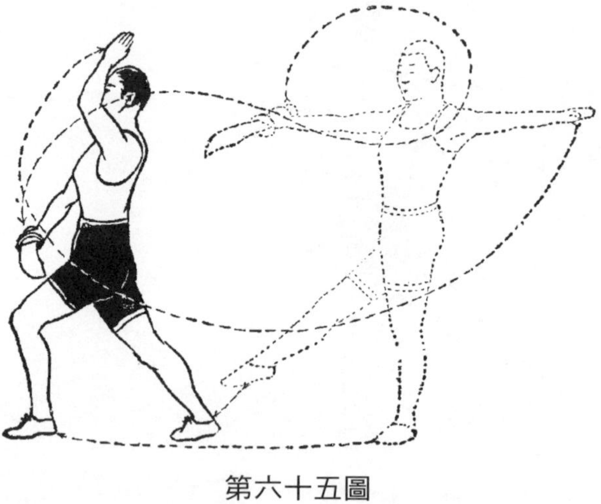

第六十五圖

第二十六動作（動作指東北）

【名稱】翻雲轉推刀（變動數四）

⑴、左足提起，急向前方約一足地（成一活進步），直立；右足繼之向前半步，以足尖懸立（膝微屈，足尖膝角，均向前方）。

同時，左臂掌向左平方成平掌，右臂刀亦同時揮向右平方，仍成平刀。而目前視（東）（如六十六圖）。

⑵、右足向左足之前方一步直立，身體半面向右轉（東南），面目轉向左

第六十六圖

視（東北）；同時，左足急速向左前方，屈膝提高（膝角向左前方腿面平度，足尖向下，接近右膝）。

左臂掌同時由左平方向下旋轉，經腹部右側向上，而至右脅下成反掌，屈臂貼胸；同時，右臂刀（轉刀口），由右平方向上，經首部上方，砍向左前平方，成直刀（右臂曲貼於左臂外部。）（如六十七圖）。

(3)、左足落在原懸地處直立，右腿足向上屈膝提起（膝角向右，腿面平度，足尖向下，近接左膝）；同時，

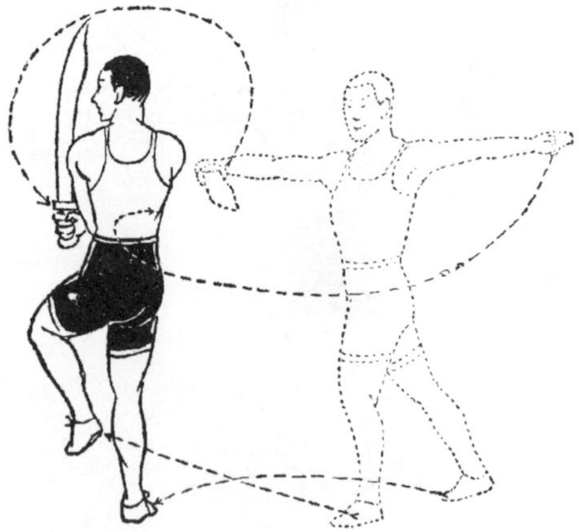

第六十七圖

身體由右向後轉（西北），面目轉向右視（東北）。同時，右臂刀向下落至腹部前方，轉刀成正刀，左臂掌亦同時向下按於右手背部（身體旋轉，與左右足互相上下，以及兩臂向下，均屬同時）（如六十八圖）。

(4)、身體向右轉（東北），右足落向前方一步弓屈（左膝挺直，成前弓後箭）。同時，兩臂直向前平方推擁，惟刀轉成垂刀（刀口向前，刀尖向下）（左掌仍按右手背部）（如六十九圖）。

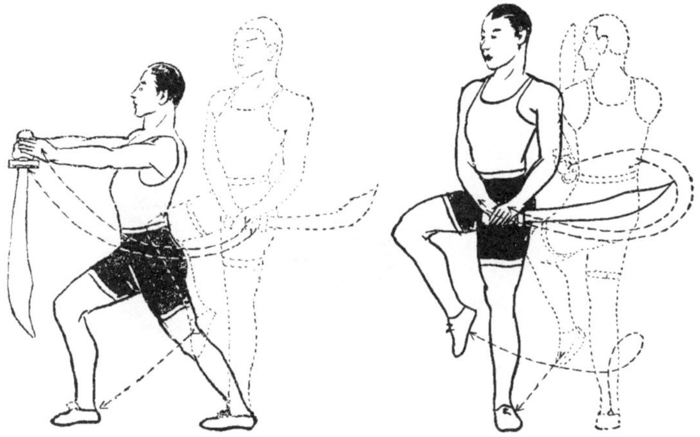

第六十九圖　第六十八圖

第二十七動作（動作指西南）

【名稱】撩刀（二）（變動數三）

(1)、身體向左轉（西北），面目轉向左視（西南）；同時，左腿弓曲，右腿直膝於後方（成前弓後箭）。

左臂掌落至右下方腹部，右臂刀亦同時落向左下方腹部（兩臂互成交叉，左臂貼腹，右臂貼左臂外部）轉成正刀（如七十圖，與前四十七圖同）。

第七十圖

⑵、右臂刀由左下方向上旋轉，經道上方，砍向右下方成正刀；同時，左臂掌由右下方向下旋轉，向左經左平方，而至左上方成反掌（如七十一圖，與前四十八圖同）。

第七十一圖

⑶、身體向左轉（西南）（面目前視）。同時，右臂刀撩向前平方，成仰刀（刀口向上，刀尖向前）；同時，左臂掌向下蓋至前平方，成平掌（詳前），按置右手腕部（如七十二圖，與前四十九圖同）。

第七十二圖

第二十八動作（動作指東北）

【名稱】旋轉推刀（二）（變動數二）

(1)、身體向右轉（西北），面目轉向右視（東北），左腿直起，右腿足收回至左足之右方，以足尖懸立，膝角微屈（足跟接近左足，足尖膝角，向右前方）。

同時，左臂掌由胸前向右上方旋轉，經右肩前部向上，轉而向左，經左平方向下，而至腹部前方；右臂刀

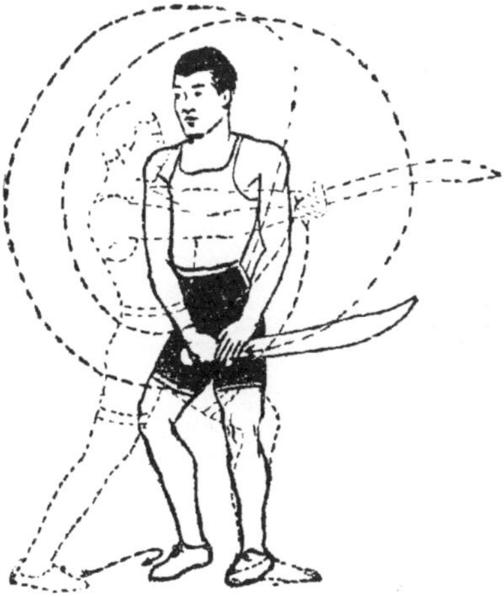

第七十三圖

亦同時向下旋轉向右，經右平方向下，由上向下，蓋至腹部前方成正刀（左掌按置右手背部）（如七十三圖，與前五十圖同）。

⑵、身體向右轉（東北）（面目前視）右腿足向前一步弓屈，左膝挺直於後方（成前弓後箭）。

同時，右臂刀及左臂掌，由腹前同向前平方推出，惟右臂刀轉成垂刀（刀口向前，刀尖向下）（如七十四圖，與前五十一圖同）。

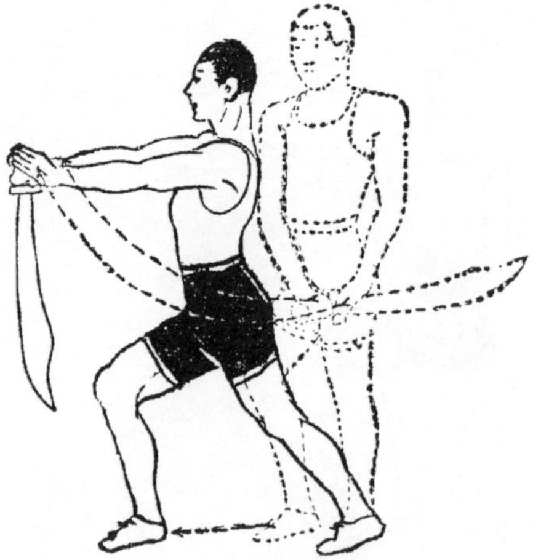

第七十四圖

第二十九動作（動作指南）

【名稱】繞背揮刀騎馬勢（變動數二）

⑴、身體向左轉（西南）（同時身體重點移向右足），右腿足直起，左腿足同時收向右足右方，以足尖懸立，膝微屈（足跟近接右足，足尖膝角，向左前方）。

同時，右臂刀由下轉成正刀（刀口向下，刀尖向左），向左旋轉而向上，經平方而至首上方，轉成仰刀，左臂掌亦同時向下落至腹部前方右側（臂微屈貼接腹部）（如七十五圖）。

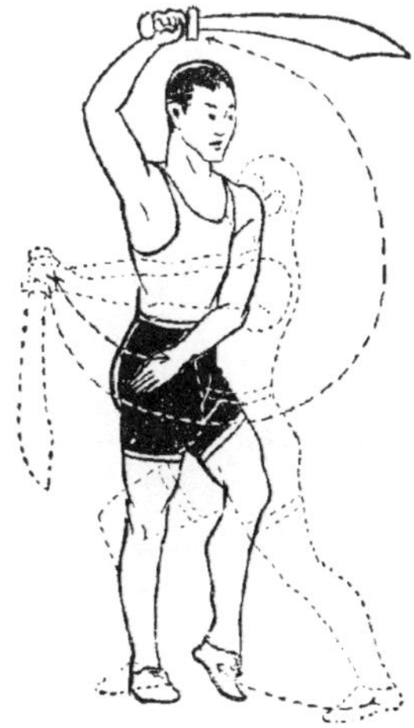

第七十五圖

(2)、左足向左一步（西）立定，身體向左轉（南）；同時，右足隨體轉向左足之右方一步（西），兩腿下蹬成馬襠姿勢（腿面水平，足尖與膝角，上下互相直對）。

同時，右臂刀轉成垂刀，由左繞體背向右，由右上方，揮向前下方成平刀（刀口向前，刀尖向左）；左臂掌亦同時由右下方向左，旋轉向上，經左平方而至首上方成反掌（臂微屈，肘角向左）（如七十六圖）。

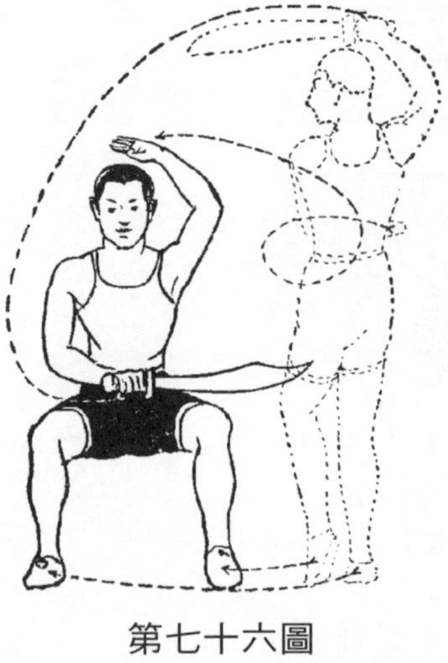

第七十六圖

第三十動作（動作指北）

【名稱】後轉平揮坎（變動數二）

(1)、身體面目由右向後轉（北）；同時，右足隨體轉向前方（北）半步，以足尖懸立，膝角微屈（足尖膝角均向前方），左腿直立。

同時，右臂平刀，揮向右平方；左臂掌伸向左平方成平掌（如七十七圖）。

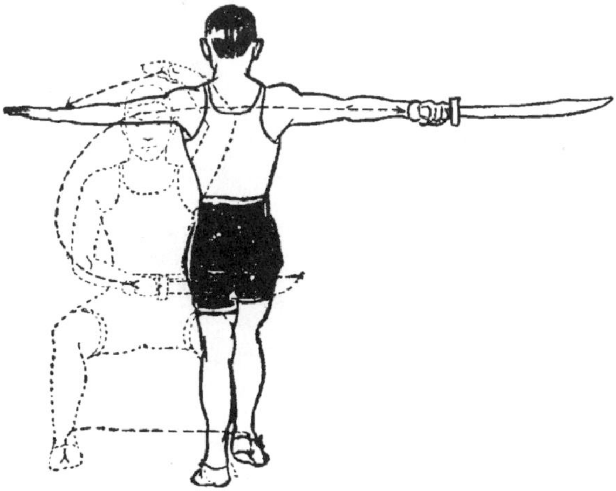

第七十七圖

⑵、右足向前半步直立，左足跟上與右足並齊。

同時，右臂刀由上砍向前平方成直刀（刀口向前，刀尖向上），左臂掌亦同時向前平方，按置右手拗步（如七十八圖）。

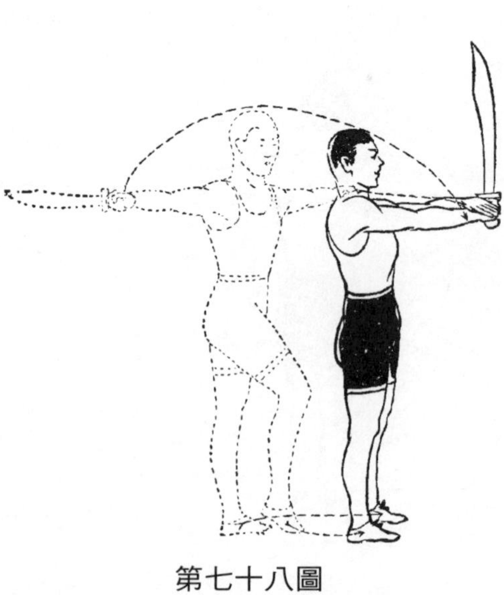

第七十八圖

第三十一動作（動作指）

【名稱】右砍（變動數三）

(1)、左右兩臂由前平方，各向左右下方，惟右臂刀轉成垂刀（左掌背向前，指端向下，右手背亦向前方）。

同時，右腿足屈膝提高，膝角向前，足尖向下，腿面平度（右足尖近接左膝前部）（如七十九圖）。

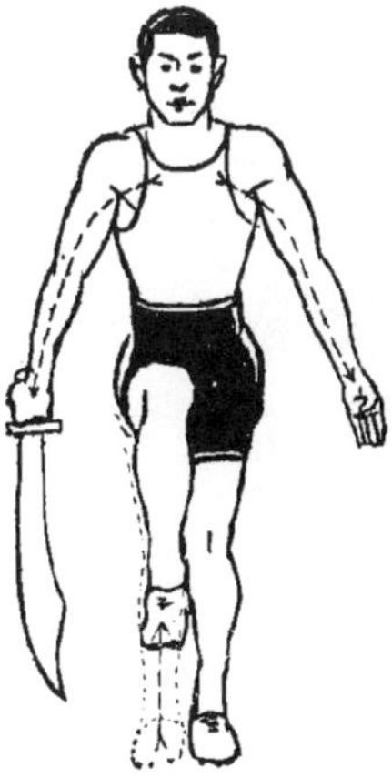

第七十九圖

(2)、面目轉向右視（東），右足用力落地直立，成一恨步，左腿足急速曲膝提高（膝角向前，足尖向下，腿面平度，近接左膝）（按，右足將欲落地時，左足急懸起離地）。

同時，兩臂同向上而至首上方，互接，右臂刀轉成仰刀，左掌接擊右手背部（如八十圖）。

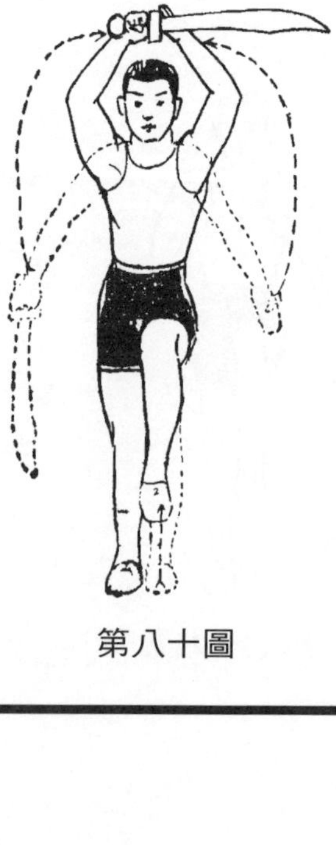

第八十圖

⑶、左足向左一步弓屈（身體重點，同時向左），右腿挺膝於後方（成前弓後箭姿勢）。

同時，右臂刀砍向右平方，成正刀（刀背在上，刀口向下），左臂掌則向左平方成正掌（詳前）（如八十一圖）。

第八十一圖

第三十二動作（動作指西）

【名稱】活步旋轉刀（變動數四）

(1)、面目轉向左視（西），同時（身體重點，移向右足）右腿足直立，左腿足收回至右足之左方，以足尖懸立，膝角微屈（足跟近接右足，足尖膝角均向左）。

同時，左臂掌由左平方向上旋轉，經首上方向下而轉至腹部右方（臂微屈），右臂刀不動（如八十二圖）。

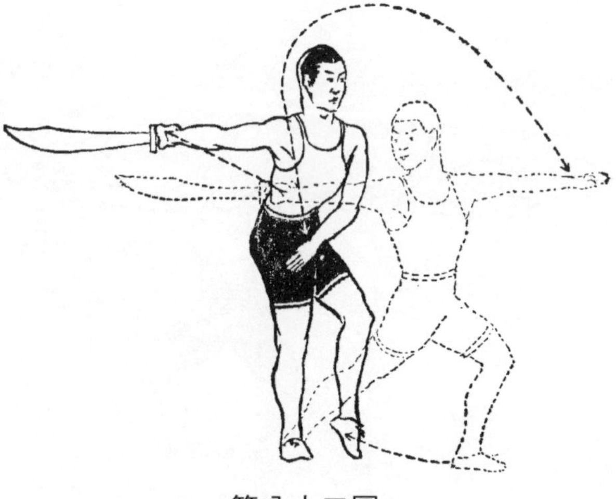

第八十二圖

(2)、左足仍向原前立處（係收回之前立線）立定（與上項之收回成一活步），身體由左向後轉（南）；同時，右足隨體轉向右前方一步（西）（膝角微屈）。

左臂掌同時隨體旋轉由下向左轉而向上，經左上方向下而至左平方（東），成正掌；右臂刀亦同時隨體旋轉向下，轉而向上至右平方（西），成仰刀。面目轉向右視（如八十三圖）。

第八十三圖

⑶、右足收回至左足右線，以足尖懸立（足跟近接左足，膝微屈，足尖膝角，均向右前方）。

同時，左臂掌向下旋轉，經腹前向上而至胸前，曲臂貼胸（肘角向下，掌背向體前方，指端向上）；右臂刀亦同時向上旋轉，經首上方，向下砍至體之左側成正刀（臂接貼左臂外部）（如八十四圖）。

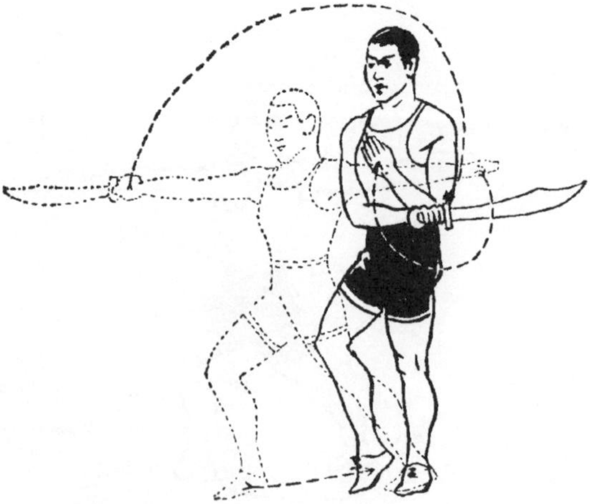

第八十四圖

(4)、右腿足仍向原處立定（與上頂之收回，成一活步），身體由右向後轉（北）；同時，左足隨體轉向左前方（西）一步（膝微屈），面目轉向左視。

右臂刀同時向下旋轉向右上方，隨體轉至右平方，砍成正刀（刀口向下，刀尖向右）；左臂掌亦同時向上，轉向左方，向下，隨體轉而向上至左平方，成正掌（如八十五圖）。

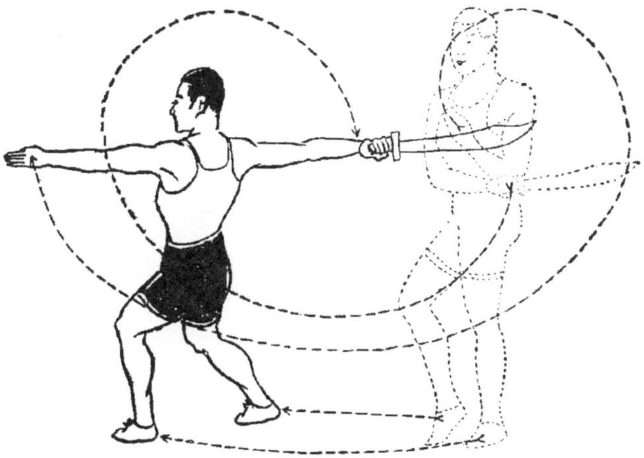

第八十五圖

第三十三動作（動作指西）

【名稱】撩扦刀（變動數四）

(1)、左足退回至右足之左方，以足尖懸立，膝角微屈（足跟近接右足，足尖膝角向左）。同時，左臂掌向下旋轉，經腹前而至右下方成正掌（臂貼體部）；右臂刀同時成垂刀（刀尖向下，刀口向右）（右手背向體之正面前方），以刀尖轉挑向左下方成正刀，兩臂微屈，互成交叉（惟右臂在左臂外部）（如八十六圖）。

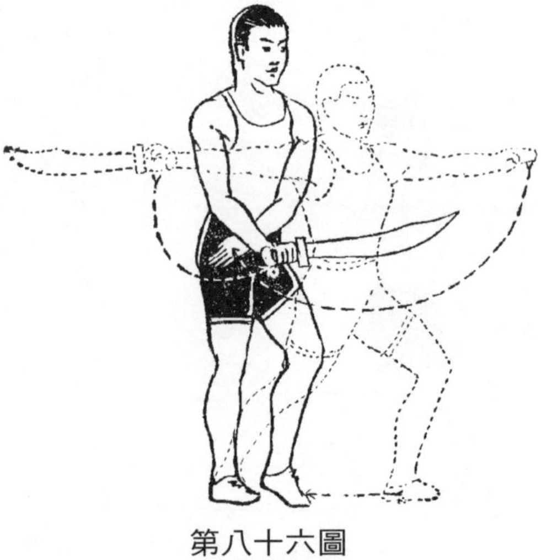

第八十六圖

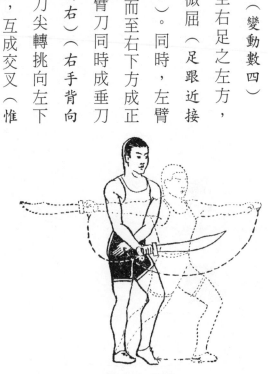

⑵、左足向左之前原處直立（與上項之收回成一活步），右足隨之向左前方半步，以足尖懸立，膝角微屈。

同時，右臂刀向上，經首部上方，轉刀口向右，砍向右平方，成正刀；左臂掌同時旋轉向下，轉而向上至左平方，成正掌（如八十七圖）。

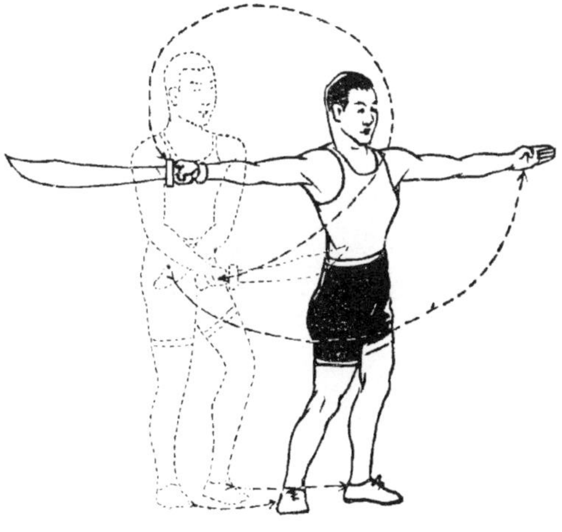

第八十七圖

(3)、身體向左轉（西），面目前視（西），右腿向前曲膝提起，足尖向下（足尖近接左膝，腿面平度）。

同時，右臂刀向下轉成垂刀（刀口向前，刀尖向下），向前平方成仰刀，屈臂貼體部右側（刀柄接貼體部右胸）；左臂同時屈貼體之左側，成平掌，按置右胸前刀柄部（如八十八圖）。

第八十八圖

(4)、右足落地向前方一步弓屈，左腿直膝於後方（成前弓後箭）。

同時，右臂刀直向前平方扦出，左臂掌仍按刀柄後部，亦同時直向前平方推出（如八十九圖）。

第三十四動作（動作指西）

【名稱】連退雙繞刀（變動數一）

(1)、左右兩臂同時各向左右下方，旋轉向後，由後向上，轉而向前，經前上方向下，轉至左右後下方，其右臂刀，轉成正刀（刀口向

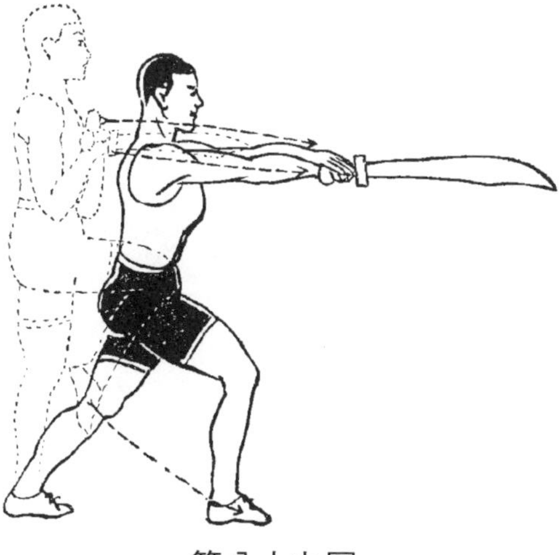

第八十九圖

下，刀尖向前）（右臂刀將欲旋轉時，務先轉刀口向下。惟兩臂旋轉，成圈圓形，務活潑靈捷，不可拘束）。

同時，右足先退至左足後方一步，繼之左足急速退向右足之左後方一步（微向左斜方），右足復退至左足立處立齊，兩足尖均懸立（惟退步宜以急速，而步度宜小，以足尖落地，較為活潑靈捷）。

面目前視（身體不可有俯仰不穩之弊）（如九十度）。

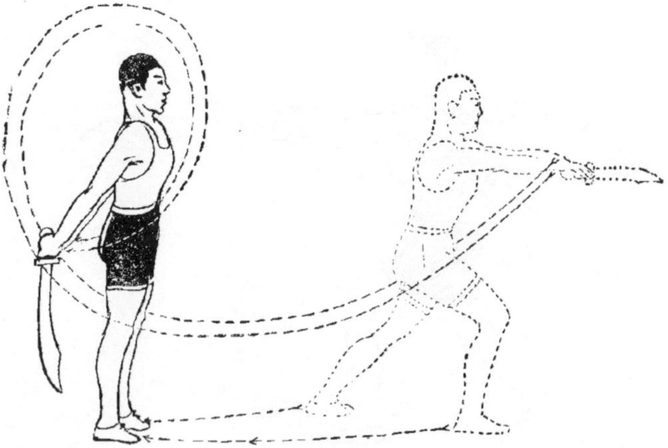

第九十圖

第三十五動作（動作指西）

【名稱】前進刺（變動數四）

(1)、左足向左斜前方一步直立，右足隨之向前半步，以足尖懸立（膝微屈）。

同時，左臂掌轉向體腹前部之右側（臂微屈，接貼體腹）；右臂刀亦同時轉向體腹前部之左側，成正刀（右臂貼接左臂外部），兩臂互成交叉（如九十一圖）。

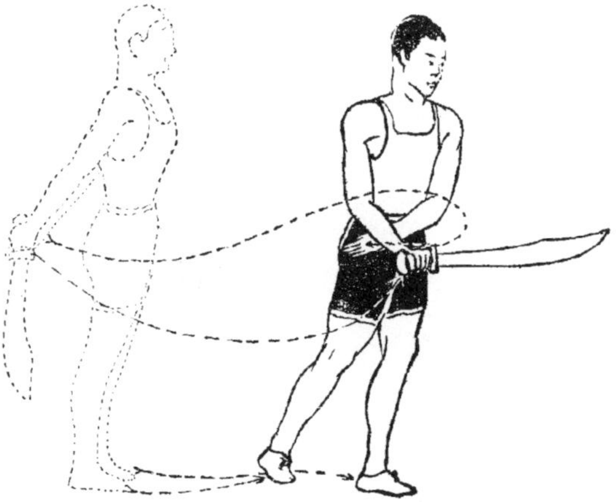

第九十一圖

⑵、右足向左足之前方一步直立，左足隨之向前半步，以足尖懸立（膝微屈）。

同時，右臂刀向左上方旋轉而至右上方，轉刀口向右，砍向右平方，成正刀；左臂掌亦同時由腹部右側，向下旋轉向左，經左下方而至左平方，成正掌（如九十二圖）。

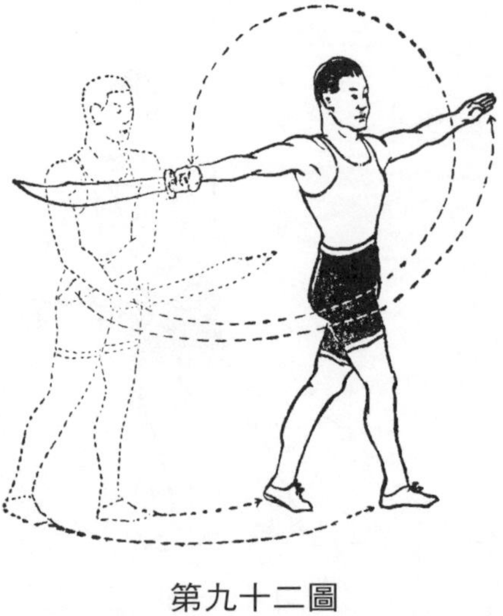

第九十二圖

(3)、左足向右足之前方一步，右足跟懸起。

同時，右臂刀落向右後下方，轉成垂刀；左臂掌同時由左平方向上，而至首上方，成反掌（如九十三圖）。

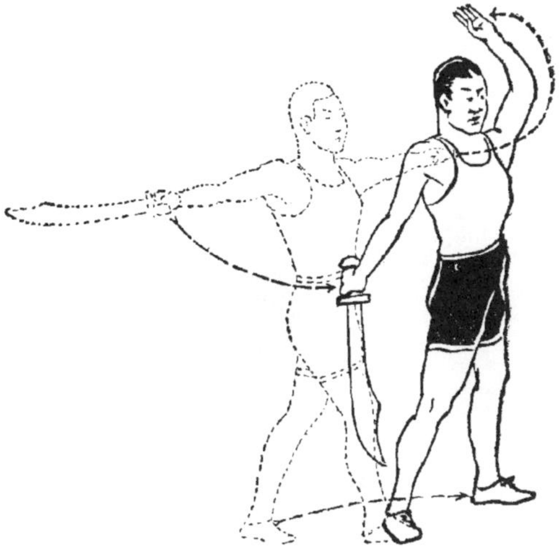

第九十三圖

(4)、右足向左足立處並齊。同時，右臂刀以刀尖向前平方，刺成直刀；左臂掌亦同時向下，蓋至前平方成平掌，按置右手背部（刀口向前，刀尖向上）。面目前視（西）（如九十四圖）。

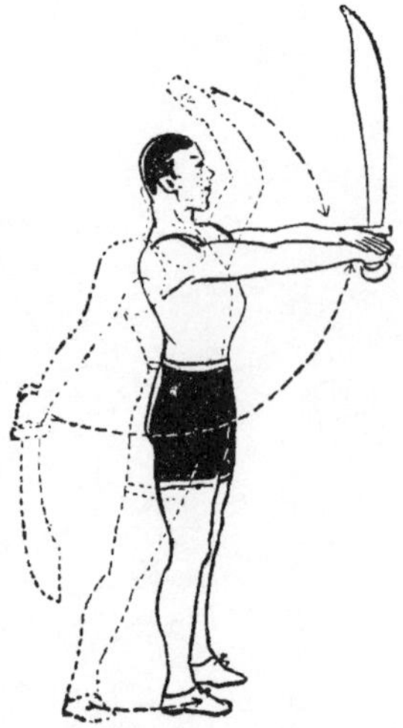

第九十四圖

第四路

第三十六動作（動作指西）

【名稱】偏步退砍（變動數三）

(1)、右足退向右後斜方一步（東北），直立（同時身體重點，移向右足），左足隨之懸起向後，懸足拗近接右腿後彎（屈膝角向前下方）。同時，右臂刀向下砍至右後下方，轉成垂刀；左臂掌亦同時

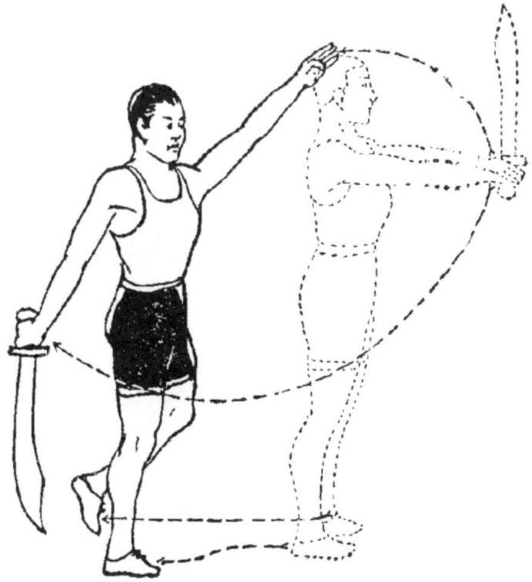

第九十五圖

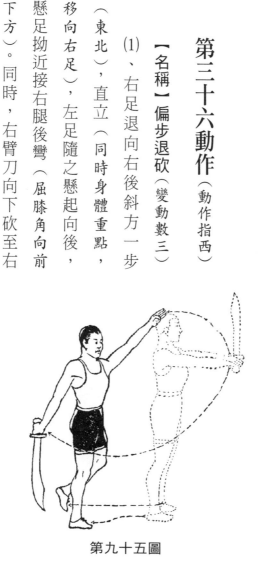

伸直於左前上方，成正掌（如九十五圖）。

(2)、身體半面向右轉（西北）（面目仍視原前方向，西）。同時，左臂掌向下旋轉，由腹前向上，而至胸前，屈臂肘，貼於體之左側，掌近接左胸（手背向前，指端向上）；右臂刀同時由右下方，向上旋轉，經右平方而至首上方，向下砍向左胸前部左臂外方，成正刀（如九十六圖）。

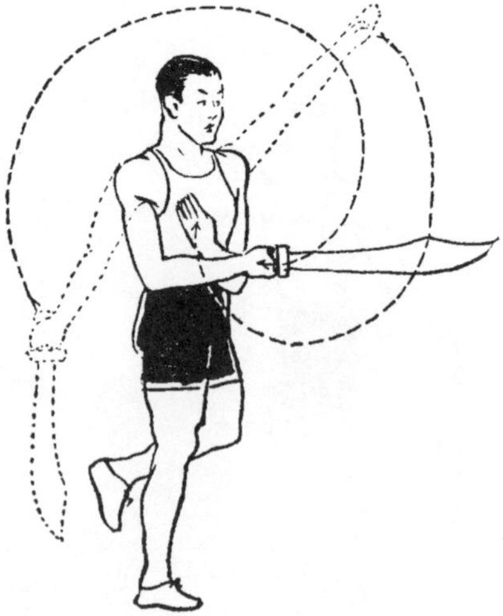

第九十六圖

⑶、左足落向右足後方一步，直膝於後方，右腿弓屈（成前弓後箭）。

左臂掌同時直向左前平方，成正掌；右臂刀披向右後下方，轉成垂刀（刀口向後，刀尖向前）（如九十七圖）。

第九十七圖

第三十七動作（動作指西）

【名稱】偏步進刺（變動數二）

(1)、身體半面向左轉（西），面目前視（西）；同時，左足向右足之左斜前方一步（西南），直立，右足跟隨之懸起，以足尖懸立，膝微屈。

同時，左臂掌向下旋轉而向下，經左平方而至首上方，成反掌（臂微屈，肘角向左）（如九十八圖）。

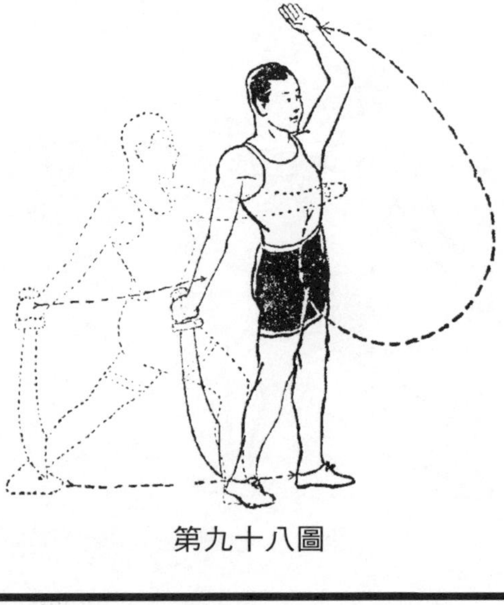

第九十八圖

(2)、右足向左足立處並立。同時，右臂刀以刀尖向前刺向前平方，轉成直刀（刀口向前，刀尖向上）；左臂掌同時向下蓋至前平方，成平掌，按於右手拗部（如九十九圖）。

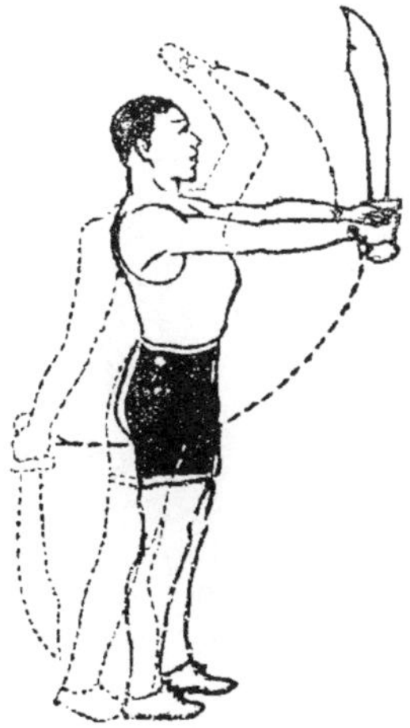

第九十九圖

第三十八動作（動作指東）

【名稱】躍進穿雲劈（變動數三）

(1)、身體向左轉（南），屈左膝向上，提足懸起（腿面平度，膝角半面向左，足尖向下，近接右膝）（在身體變轉方向左足懸起時，右足尖務稍懸起，以足跟為軸旋轉）。

同時，右臂刀轉向首上方成仰刀，左臂掌同時向下落至腹部右側（臂微屈，貼於腹部前方），成平掌（如一百圖）。

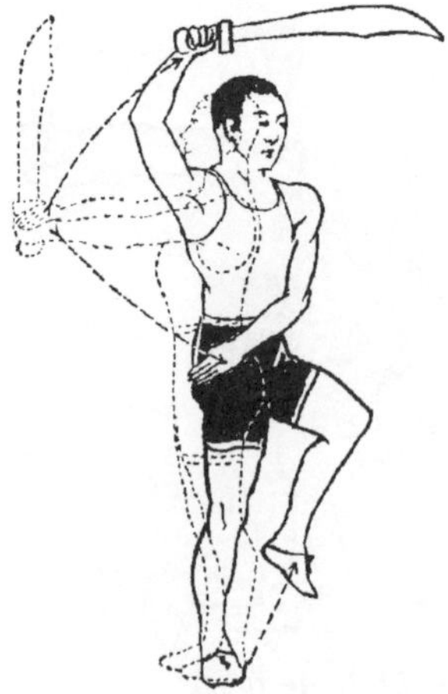

第一百圖

(2)、左足落向左方（東）一步直立；同時，身體向左轉（東北），面目轉向右視（東），右足跟隨之懸起，向前半步（膝微屈，足尖懸立於左足後方）。

同時，右臂刀由右上方轉向左下方，成正刀（兩臂互成交叉，右臂貼接左臂外方）（左臂不動，隨體而轉）（如一百〇一圖）。

(3)、右足躍向左足前方（東）一步，身體半面向左轉（北）；同時，左足急速由右腿彎後方，穿向右足

第一百〇一圖

之右方一步（東）（按，右足躍向前方，未落地時，左足急速懸起，身體懸空）（在右足將落地時，左足即由右腿彎後方，穿向右足之右方），兩腿成前弓後箭姿勢（右腿弓曲，左腿直膝）。

同時，右臂刀由左下方向上，經首上方，轉刀口，砍向右平方，成正刀（刀口向下，刀尖向右）；左臂掌亦同時由右下方向左，經左下方而至左平方，成正掌（如一百〇二圖）。

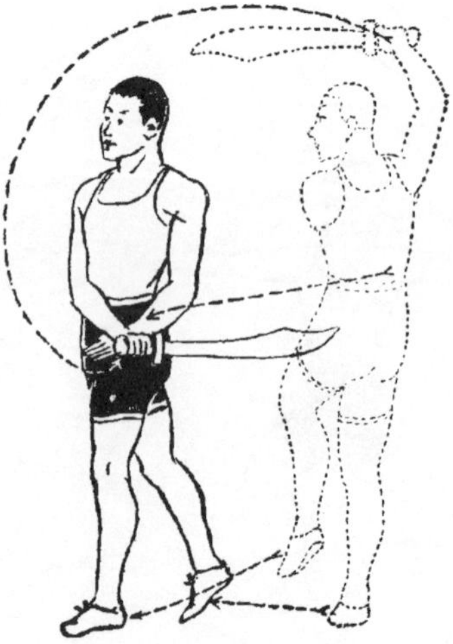

第一百〇二圖

第三十九動作（動作指東）

【名稱】換步轉身劈（變動數二）

(1)、身體由左向後轉（南），面目轉向左視（東）。

同時，左臂掌向上旋轉，經首上方，向下隨體而至左平方，成正掌；右臂刀亦同時向下旋轉，轉而向上，隨體仍至右平方，成仰刀（刀口向上，刀尖向右）（兩腿隨體轉時直起）（如一百〇三圖）。

(2)、身體由左向後轉（北），面

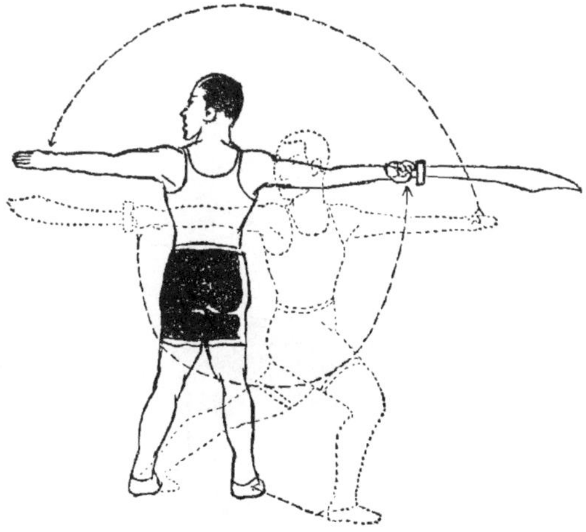

第一百〇三圖

目轉向右視（東）；同時，左足退跳立於右足立線，右足在左足懸跳未落地時，急速繼之跳向左足立線，兩腿下蹬，成馬襠架勢。

右臂刀同時（兩足互換立線，身體轉時）隨體旋轉向上，經首上方，砍向右平方（東），成正刀（刀口向下，刀尖向右）；左臂掌亦同時隨體旋轉向下，轉而向上，仍至左平方，成正掌（兩足互換立線，身體隨之變轉，兩臂隨體旋轉，惟均屬同時為要）（如一百〇四圖）。

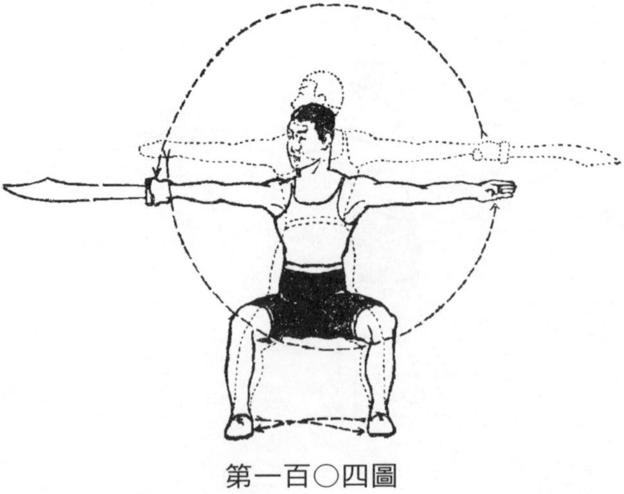

第一百〇四圖

第四十動作（動作指西）

【名稱】三揮繞背轉（變動數二）

(1)、兩腿直起，左足收向右足立線之左方，以足尖懸立，膝微屈（足跟近接右足，足尖膝角向左），面目轉向左視（西）。

同時，左臂掌向下，而至右下方（臂微屈，貼於腹部）；右臂刀同時由前平方，旋轉向左上方，轉成垂刀，繞體背向右，而至右上方，垂刀於右臂後方（刀口向後，刀尖向下）（刀背近接體之背臂）（右臂微屈，其握刀柄前部之四指微鬆，以便成垂刀姿勢）（如一百〇五圖）。

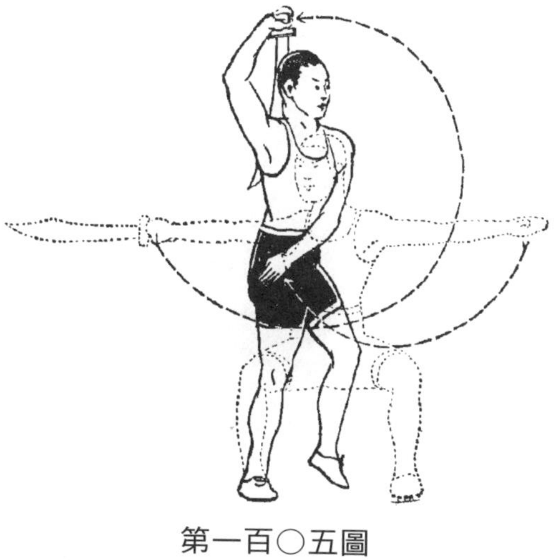
第一百〇五圖

(2)、左足向前一足地立實（成一活進步），右足急向前方（西）一步；同時，身體由左向後轉（南），左腿微屈下蹬（身體重點移於左足，其右腿足直膝平立，隨體傾於左側）。

同時，右臂刀揮向右平方成平刀（其由右上方將揮向右平方時，務將握刀柄前部之四指握緊，以便揮擊得力），左臂掌亦同時由下旋轉向左上方，而至首上方成反掌（臂微屈，肘角向左）。

面目轉向右視（西）（與身體手足均屬同時）（如一百〇六圖）。

第一百〇六圖

第四十一動作（動作指西）

【名稱】三揮繞背轉（二）（變動數二）

(1)、身體由左向後轉（北）（身體重點，移於右足），右足直立；同時，左足隨體轉向左方（西）半步，以足尖懸立，膝微屈（足尖膝角向左），面目轉向左視（西）。左臂掌同時向下轉至右下方（臂微屈貼於腹部），右臂刀亦同時由前平方，旋轉向左上方，轉成垂刀，繞體背向右，

第一百○七圖

而至右上方，垂刀於右臂後方（□□近接□□）（右臂微屈，其握刀柄前部之四指微鬆，以便成垂刀姿勢）（如一百〇七圖）。

(2)、□□□前一足地立實（成一活進步），右足急向前方（西）一步，同時身體由左向後轉（南），左腿微屈下蹬（身體重點，移於左足，其右腿足直膝平方，隨體傾於左側）。

同時，右臂刀揮向右平方，成平刀（其由右上方將揮向右平方時，務將握刀柄前部之四指握緊，以便揮

第一百〇八圖

擊得力），左臂掌亦同時由下旋轉向左上方，而至首上方，成反掌（臂微屈，肘角向左）。面目轉向右視（西）（與身體手足均屬同時）（如一百〇八圖）。

第四十二動作（動作指西）

【名稱】三揮繞背轉（三）（變動數二）

(1)、同第四十一動作變動(1)之說明（如一百〇九圖，即一百〇七圖）。

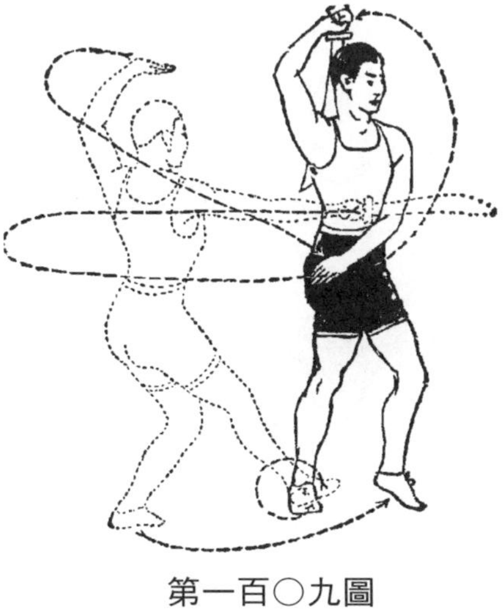

第一百〇九圖

⑵、同第四十一動作變動⑵之說明（如一百十圖，即前一百〇八圖）。

第一百十圖

第四十三動作（動作指東）

【名稱】劈擊（變動數三）

(1)、身體重點向右，右腿足直立，左足收向右足立處之左方，以足尖懸立，膝微屈（足跟近接右足，足尖膝角向左），面目轉向左視（東）。

同時，右臂刀由右平方旋轉向上至首上方，轉成仰刀；左臂掌同時由上方向左下方，旋轉經腹前而至右下方，旋轉經腹前而至右下方

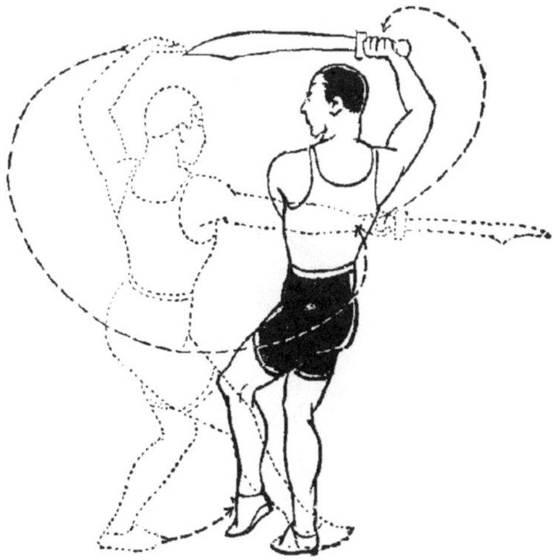

第一百十一圖

（臂微屈，貼於腹部）（如一百十一圖）。

(2)、身體由左向後轉（北）（身體重點移至左足），左足同時向前（東），約一足地落地直立（右足跟隨之懸起），面目轉向右視（東）。

同時，右臂刀以刀尖向下，轉向左後下方，成正刀，兩臂成交叉（臂微屈，貼於腹前左臂外方）（如一百十二圖）。

(3)、右臂刀由左下方向左上

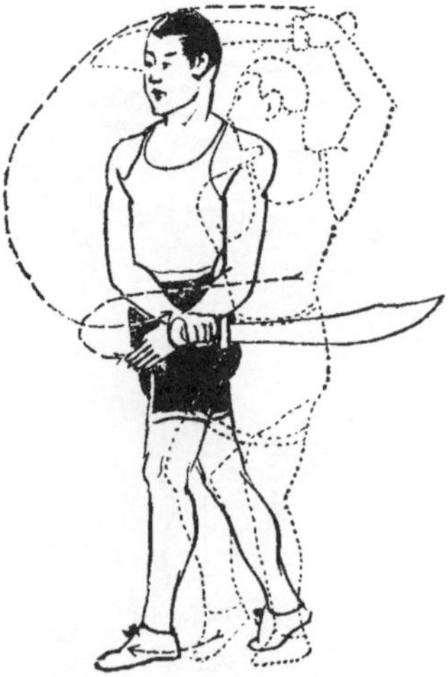

第一百十二圖

方旋轉，經首上方，轉刀口，劈向右前平方（東），成正刀（刀口向下，刀尖向右）；左臂掌由右下方，同時向左下方旋轉向上，而至左平方，成正掌（如一百十三圖）。

第四十四動作（動作指東）

【名稱】旋風腿（變動數二）

(1)、右足向左足之右前方（東）一步弓屈，左腿直膝於後方（兩腿成前弓後箭）。

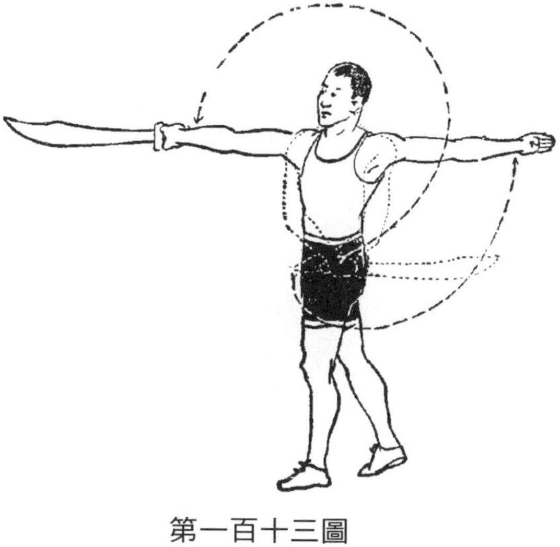

第一百十三圖

同時，左臂掌由左平方向上，經首上方向右而至右前平方，成正掌（臂微屈）；右臂刀同時轉刀尖向下，旋轉向左而至左脅後下方，轉成直刀，臂屈貼胸前，在左臂下方（刀口向體之左後方，刀尖向上，刀柄在左脅下後方，刀背貼左肩後部）（如一百十四圖）。

(2)、（右臂刀及左臂掌照前項姿勢，不動，隨體而轉）左腿足盡力躍起，旋向後上方（微屈）；右足急速踢起，亦旋向後上方（是時身體懸

第一百十四圖

空，右足旋起之高度平肩）；同時，身體隨兩腿足由左向後方旋轉，仍至上項方向（北），成一周圍，左足約落地於前右足立處（右足未旋起時之立處）前方半步直立，右足同時旋轉至右方（東），與左掌互擊，復屈膝向下，懸足尖近接左膝前部（右足與左掌相擊聲，與左足落地聲，均屬同時）（左足躍起，右足急速打飛腿繼之，身體務隨兩足同時旋起，不可遲鈍，須要活潑靈捷）（如一百十五圖）。

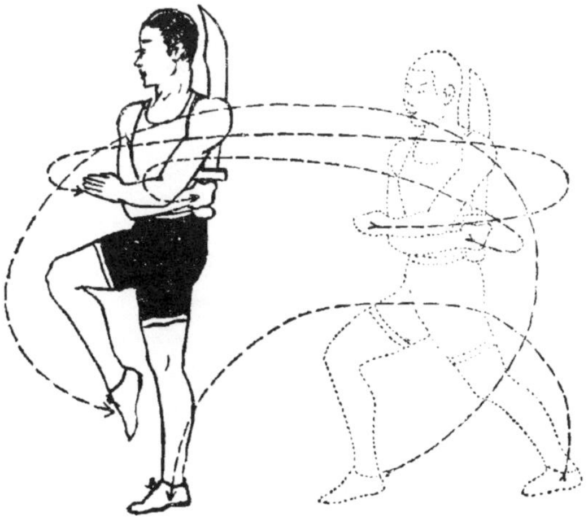

第一百十五圖

第四十五動作（動作指東）

【名稱】左偏身右砍（變動數二）

(1)、右足落地（原懸處）直立，左腿足急速屈膝向上懸起（足尖向下，近接右膝，腿面平度）（兩足起落，互相同時）。

同時，右臂刀由左臂外部（此時刀口向體前方）向上轉至首上方，轉成仰刀；左臂掌亦同時由右臂內方，向首上方擊握右手背部。面目仍視右方（東）（如一百十六圖）。

第一百十六圖

(2)、（身體重點向左）左足落向左方一步弓屈（右腿直膝，成前弓後箭）。

同時，右臂刀砍向右平方，成正刀（刀口向下，刀尖向右），左臂掌同時向左平方成正掌（面目右視，東）（如一百十七圖）。

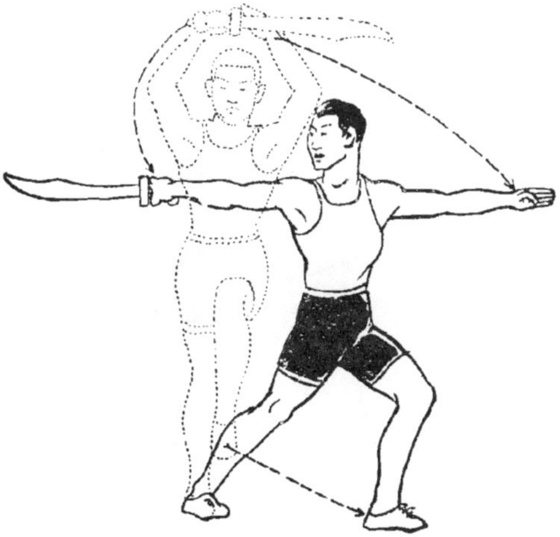

第一百十七圖

第四十六動作（動作指西）

【名稱】平揮轉（變動數二）

(1)、左腿直起（身體重點，移向左足），右足向左足立處收回半步，以足尖懸立，膝微屈。

同時，左臂掌向首上方，成反掌（臂微屈，肘向左）；右臂刀同時由平方，轉向體之左側成平刀（刀口向體前方，刀尖向體左方）（如一百十八圖）。

第一百十八圖

(2)、右足向右方半步，仍立前原立處（與上項之收回成一活步），身體由右向後轉（南）；同時，左足隨體向左一步（東），兩腿上蹬，成馬襠架勢（兩膝與足尖，上下直對，腿面平）。

面目轉向右視（西），右臂刀同時揮向右平方（西），成平刀（刀口向體後方，刀尖向體右方），左臂掌同時直向左平方，成平掌（如一百十九圖）。

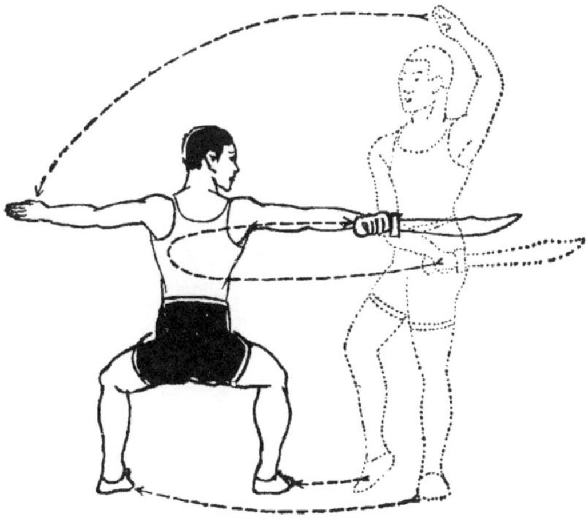

第一百十九圖

第四十七動作（動作指西）

【名稱】退步勢（變動數二）

(1)、身體由右向後轉（北），右足同時隨體退向右後方一步（東），直膝於後，左腿弓屈（成前弓後箭）。面目左視（西）。

同時，右臂刀向下旋轉向右，隨體而至右平方，轉成正刀；左臂掌亦同時向上旋轉而向下，隨體而至左平方，成正掌（如一百二十圖）。

第一百二十圖

(2)、身體由左向後轉（南），面目轉向右視（西）。

同時，右臂刀隨體轉時，向上轉刀口劈向右前平方（西），成正刀（刀口向下方，刀尖向右前方）；左臂掌亦同時隨體轉時，向下旋轉而向左，轉至左後平方，成正掌（如一百二十一圖）。

第一百二十一圖

第四十八動作（動作指西）

【名稱】收刀獨立（變動數二）

(1)、身體由右向後轉（北）（同時身體重點，移至右足），右足直立，左足收回至右足立線之左方，以足尖懸立，膝微屈（足跟接近右足，足尖膝角向左）。

同時，左掌向下轉至腹前部，右臂刀亦同時轉至腹前部，成直刀，遞至左手，左手握刀，仍成直刀（以手心貼接刀柄後部，以食指、中指、無

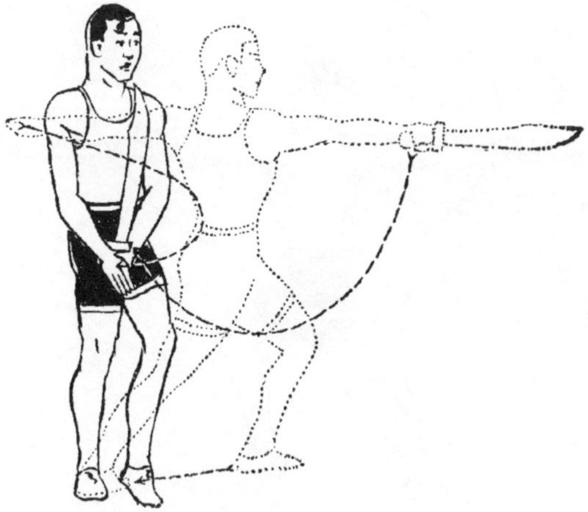

第一百二十二圖

名指、小指，由刀柄近接體之內部平面握向刀柄前部，以拇指握住刀柄外部平面）（刀背近接體之肩臂），兩臂微屈，貼接體前，面目左視（西）（如一百二十二圖）。

⑵、左臂掌握刀直向後下方（刀口向前下方，刀尖向前上方）（左肘以下貼接刀柄以上背部，肘以上貼接刀之中點以上平面）；同時，右臂掌向下旋轉而向右，經右平方而至首上方，成反掌（臂微屈，肘角向右）（如一百二十三圖）。

第一百二十三圖

中華民國二十一年十一月再版

三義刀圖說（全一冊）

△（定價大洋七角）

（外埠酌加郵費匯費）

編著者 金一明 郭粹亞

發行人 沈駿聲 上海北福建路二號

印刷所 大東書局 上海北福建路二號

總發行所 大東書局 上海四馬路九十九號

分發行所 大東書局

南京 北平 梧州 汕頭 杭州 濟南
漢口 瀋陽 徐州 南昌 成都 重慶
長沙 天津 廣州 開封 哈爾濱 新嘉坡

梅花刀

呂光華

著者呂光華先生

著者李元智先生

張序

我國國術門派之夥，儼同牛毛，往往窮畢生精力，猶難盡其一二，斯則治技者之所苦，而研究者之所病焉。且武家通習師弟口授，文獻之足徵者，間有圖譜輾轉傳鈔（校點：同「抄」），脫偽滋多，非亥豕魯魚（校點：把「亥」字錯成「豕」字，把「魯」字錯成「魚」字。指書籍在傳寫或刻印過程中的文字錯誤）難以卒讀（校點：卒：完畢，結束；讀完），即俚俗晦澀不知所云，能略能此中精妙者，幾若鳳毛麟角，百不得一。

余主中央國術館於茲兩易寒暑矣，每以為欲使前述之所苦所病得一解決之途徑，惟以用歸納的方法，從改革與創造著手，方為根本之圖；

否則提倡雖力，其奈收效之終鮮何?雖然改革與創造，豈一朝一夕之所易言哉。蓋創造之先必經實驗，實驗之先必經整理，故整理國術實為改革創造之初步。

余嘗以斯意示諸同人，囑其多從整理下工夫，整理愈多，則研究之資料愈富，至其本身價值如何，編者僅管存而勿論，一聽後來之實驗，定其去取可耳。呂同志光華、李同志元智編《梅花刀》成，敢以一得之見弁諸簡首。

中華民國十九年十月二十日鹽山張之江

例言

一、此刀原名梅花，甚雅，今仍舊，示存古也。

二、此編各式方向，以身之前後左右為標準，惟悉以面向之處為前。

三、說明動作，分為身步手眼四項，庶眉目朗列，閱者感便。

四、凡正面圖不易明瞭者，益以附圖，務期學者有按圖索驥之便。

五、此刀為便初學者起見，將刀之全套，分成節段，附以口令，以資練習，純熟之後，便可繼續連貫操作。

六、本書各個團體教授法，悉本操典，以期指揮得宜。

七、此編團體教授法橫隊圖，二列完全為○者當然以○為主，四列有○有●者，則以●為主，以示區別，閱者注意。

八、此編之輯，為時倉卒，謬誤滋多，尚望名家指正。

呂光華 識

梅花刀　目次

第一章 緒論

第一節 刀術之原始

說文云：「刀，兵也，象形，象刀背與刃也。」然兵有木質、石質、金質之別，《太白陰經》謂：「木兵始於伏羲，神農時削石為兵。」國語說文俱言之。《越書》謂：「黃帝以玉為兵。」《世本》謂：「蚩尤以金作兵。」兵有五：「一弓，二殳，三矛，四戈，五戟。而刀不為焉。」任昉《述異記》謂：「石刀神農時已有之。」《初學記》謂：「黃帝採首山之銅，始鑄為刀。」《史記・平準書》：「龜貝金錢刀布之幣興焉。」注，索隱（**校點：對古籍的注釋考證**）曰：「刀者，錢也，以其形如刀。」石刀，石兵也，後人謂玉石刃人以此。

神農黃帝有無其人，近代治歷史學者，頗多疑之點，惟刀之發明，可以斷定其在石器時代。石器時代之後始用銅。

鐵刀之制，至秦時始見。觀江淹（校點：字文通，南朝著名文學家）《銅劍鑽》序：「古以銅為兵，至於秦時，攻爭紛亂，兵革互興，銅既不克給，始以鐵足之。」信然。

第二節　刀術之種類

《武備志》引《武經總要》所載：「刀凡八種，而小異者，猶不列焉，其習法皆不傳。今所習惟長刀腰刀。腰刀非團牌不用，故載於牌中。長刀則倭奴所習，世宗時進犯東南始得之。戚少保於辛酉陣上，得其習法，又從而演之。」

但我國長刀之法，亦自有過人者，如唐闞稜（校點：隋末農民起義軍將領）貌魁雄，善用兩刃。其長丈，名曰「拍刀」，一揮數人，無有敵者。腰刀之法，我國尤多，如「六合，解腕，抱月，劈山，露花，雪片，斷門，鳳池，縱撲，武氏劈閃，鳳翅，抹眉，梅花」諸刀，迄今多有習者。

此外大刀，如「春秋，提爐，太極，鉤鐮，掉刀，眉尖，鉤鏤，大剁」。雙刀，如「雙八卦刀」之類。元王英膂力絕人，號曰刀王，即善用雙刀也。

又有對手之精者，如大刀對手中，有「大刀對槍，對手大刀，大刀對方天戟」。單刀對手中，有「單刀對槍，對手單刀，對手八卦刀，單刀對大刀」。雙刀對手中，有「雙刀對槍，對手雙刀」。

此皆我國曩昔之刀術，遺留至今者，固不獨長刀腰刀已也。

第三節　單刀之形式

吾國舊式單刀不甚適用，中央國術館特製新式者以改良之。

舊式刀，長約二尺六寸五分，刀柄長七寸，刀中間寬二寸，刀扇頭寬二寸五分，刀背厚二分，刀刃稍薄，刀盤周圍十二寸餘。

新式刀，長約二尺六寸，刀柄同長十一寸，刀中間寬二寸二分，刀扇頭寬三寸五分，刀背厚三分，刀刃甚薄，刀盤寬四寸，此長短厚薄寬狹適中。

適於應用：

一、刀身堅硬，刺出得力。

二、刀刃鋒利，砍剁自如。

三、刀盤既可護手，又足架械。

四、刀鞘純用皮製，鞘內鬆，鞘口稍緊，則刀出入便利。

較諸舊式單刀，徒具美觀，軟薄易折者迥異，觀下圖自明。

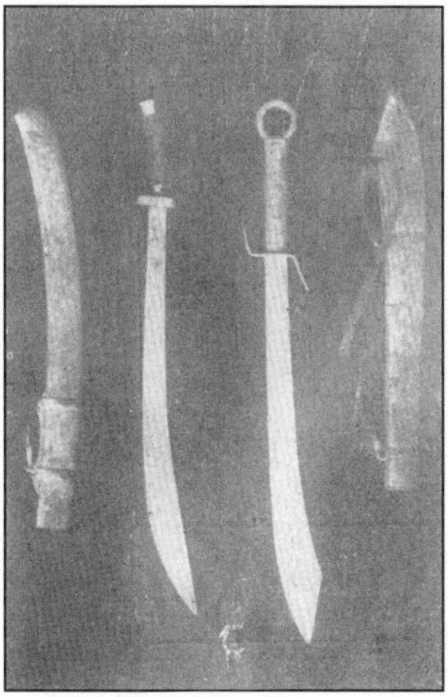

第四節　單刀要則

一、握刀

此刀練習時，右手虎口，務必頂住刀盤；蓋刀盤所以護手，若不頂住，則持刀之手，動為人械所傷。

停止時，急將右手刀交給左手，左手食指與中指夾刀柄間，拇指按護手處，刀刃向外，刀背緊貼右臂，兩手垂直，還立正姿勢。

休息時，不可隨意將刀尖插地。

二、練法

凡練習時，須存有對敵之觀念，所謂「有形剁形，無形剁影」。久而習之，自然臨敵如入無人之境。

又要練之於四肢，融化於心中，靈活於眼目，然後臨敵而不驚，交手而不亂，所謂「人雖千變，我心歸一」，「以此制敵，何敵不摧」。

三、手法

拳家言：「單刀看手，雙刀看走，大刀看護手。」

但雙刀大刀，不屬茲編範圍，姑置勿論，今特將單刀看手法解釋之。

當練習時，右手持刀，左手追隨右手腕，或按刀背，或置腦頂之上，均有一定法則，不得任意措置，蓋其意全在相敵之機，作換把用。例如與敵交戰，我刀法甚快，撥進敵械，左足在前，右足在後，右手持刀傷敵稍遠，不但不利，且虞不測。斯時惟有將右手之刀，交於左手，猛力刺進，必操勝算。蓋左足在前，左臂當然伸出較遠，若再換右足，時已不及，故不如換把之敏捷也。

四、身法

刀法之出入上下左右，原期防禦敵械，使不能近吾身，然身法宜隨之進退旋轉，始臻完善。

故身法宜輕，輕則靈變敏捷，如生龍活虎之態。

身法宜圓，圓則轉動自如，如閃電旋風之妙。

身法宜飄，飄則進退迅速，如飛箭流星之快。身法宜倏，倏則左右突忽，如鬼沒神出之奇。如此，則可制敵，而不為敵抽制矣。

五、破槍法

拳家言：「槍為器中之王」；又曰：「槍如遊龍。」可見最厲害最巧妙者，莫槍若也。

如是，以他種器械破之，殊非易易。即以槍與槍敵而論，尚云一寸長，一寸強，況刀乃兵器之最短者，其破之不尤難耶？然亦在破之法耳，拳家言：「捨身單刀」；又曰：「刀走黑，刀如猛虎。」

按，捨命者，言其奮不顧身。走黑者，言其乘敵側門而進。猛虎者，言其勇往直前，既有奮勇之氣，又能窺隙乘間，而槍無不破矣。

第五節　梅花單刀源流

相傳清雍正間，賈舍僧，懷有絕技，遊何北省滄縣城北姚官屯，時與孫通先生往還，見其人誠實忠厚，授予以梅花單刀，並口訣十字。

一曰提。提者，刀身倒提，刀刃向左，刀尖向下之謂。

二曰刁。刁者，刀身倒置，刀尖斜向下，刀刃向右，形如刁手之謂。

三曰撲。撲者，刀尖向前，刀刃向左，猛平迂廻之謂。

四曰甩。甩者，刀身猛向左後，或向右後斜劈之謂。

五曰剁。剁者，刀身猛然向前向下之謂。

六曰弸。弸者，刀身由下猛向上升之謂。

七曰掛。掛者，刀身向前，猛向外向後斜帶之謂。

八曰撩。撩者，右臂伸直，刀身由下猛向前向上之謂，

九曰搜。搜者，刀身向左向右平行之謂。

十曰扎。扎者，刀尖直向前方之謂。

孫通先生，有子二，國梁、國棟，亦酷嗜此道，得再傳焉。國梁刀術，後無傳人。國棟傳城東孫家莊陳善先生。陳善先生，傳長子光治先生。光治先生，傳其胞侄玉山先生。

李教授元智，城南佟家花園人也，與陳先生居密邇，諳國術，凡斯道高明者，無不訪之。民國五年，聞玉山先生善刀術，延至家，執弟子禮，傾心學習三年。後先生應保定武術童兵連聘，隨往。先生見其誠懇，盡以授之，並傳以各種國術，如是者七年，今中央國術館教授班所練單刀，此其一也。

斯術授受源流，得之李教授元智與郭教授錫三，光華為之筆述焉。

第二章　教授法

第一節　各個教授法

一、持刀立正式

兩足跟宜在一線上靠攏並齊，兩足尖向外離開，約六十度，兩腿自然伸直，上體體重平落於腰上。

脊背伸直，微向前傾。

兩肩宜平，稍向後張，兩臂自然

下垂，左手掌貼於股際，五指併攏而微屈，不必用力，左手握刀盤，食指與中指夾住刀柄，拇指按護手處，刀刃向外，刀背緊貼左臂。

頭宜正，頸宜直。

口宜閉，由鼻呼吸。

兩眼向前平視。

二、持刀稍息式

右足不動，左足踵微提起，用足尖向原方向伸出，約一足之地。

右手掌仍貼於股際，左手仍持刀不動，以行休息。

若休息時間稍長，兩足可互相交

換，惟不得移動其所立地位。

三、持刀轉法

欲使向左（左）轉，或半面向右（左）轉，下口令如左。

向右（左）——轉或

半面向右（左）——轉

右足尖與左足尖稍提起，以左足跟向右（左）旋轉九十度或四十五度，轉畢，右足跟與左足跟，仍在同線上靠攏並齊。

兩手不動。

欲使向後轉，下口令如左。

向後——轉！

右足順其方向後引退，以足尖微接左足跟為度，再將兩足尖稍向上，兩足跟從右向後轉，然後引右足跟靠攏左足跟。

兩手不動。

四、持刀行進

兩肩不得搖動，兩臂前後擺動，必須自然，向前擺，約四十五度；向後擺，約十五度。目須向前平視。

但行進有正步、常步、跑步、踏腳，及向右（左）轉，半面向右（左）轉，向後轉走之別，茲分述如下。

行進中欲使正步走，下口令如左。

開步——走！

左腿稍向上提，將足伸出，至距右足七十五生的之處，踏著地上，同時，將膝彎伸直，體重全移於左足之上，右足同離地，亦如左足所示之法，續行前進。

頭必保持正直，兩臂自然擺動。

【附註】以後諸步，均從此步變化而來，故圖從略。

行進中欲常步走，下口令如左。

常步——走！

無須遵守正規之步法，但步長與速度，悉與正步同，而其姿勢，亦不可變。

行走中欲使跑步走，下口令如左。

跑步——走！

聞預令，右手握拳提近腰際，左手握刀盤亦提近腰際，兩肘向後。

聞動令，即出左足，其法兩膝微屈，左腿稍提起，至距右足八十五生的之處著地，次將右足，亦依同法前進，體重常置於著地之足上。

兩肘自然擺動，續行前進。

行進中欲使踏腳走，下口令如左。

踏腳——走！

將膝稍屈，兩足迭次下踏，無須前進。

其他動作速度，悉與正步同。

行進中欲使向右（左）轉，下口令如左，其動令通常視右（左）足將著地時下之。

向右（左）轉——走！

左（右）足踏在約半步前，足尖向內，將身體半面向右（左）轉，用右（左）足向新方向前進，成九十度。

行進時，右手緊貼股際，左手持刀不動。

行進中欲使斜行進，下口令如左，其動令通常視右（左）足將著地時下之。

半面向右（左）轉——走！

左足踏在約半步前，足尖向內，將身體半面向右（左）轉，用右（左）足向新方向前進，成四十五度角。

右手緊貼股際，左手持刀不動。

行進中欲使向後轉，下口令如左。

向後轉——走！

左足向前踏下，以其足將身從右向後轉，即將右足跟引著於左足跟，再開足行進。

右手緊貼股際，左手持刀不動。

【注意】此種教法，原為團體操作基礎，其法甚簡，初學一練便知。

嗣後各個操練，無論何時何地，均可由立正姿勢起，即繼續動作。其餘口令，可不限定，快慢亦聽學者自便。

第二節　團體教授法

凡團體教授，皆由兩行橫隊形變化而生，欲使集合，下口令如左。

集合

右翼嚮導，速跑至教授三步前對立，作為基準，各人按身幹之順序，成兩行橫隊，其距離從前行人之背，至己之胸前，以八十五生的為度，正對前行人，置於同一之方向。

欲使向右（左）看齊，下口令如左。

向右（左）看——齊！

各人隨即頭向右（左）轉，約四十五度。同時用小步徐就整齊線上，均以基準翼為目標，以右（左）目，能視左（右）鄰近人，左（右）目，能視全隊之胸為度，其間隔約四十生的。

欲使向前看，下口令如左。

向前——看！

各人將頭，即速轉向正面。

欲使報數，下口令如左。

甲　報數！

前行人從右翼第一人，順次向下報數，同時脖頸挺直，頭猛向左轉。數畢，即時轉正，後行人不數。

乙、一二報數

凡以右翼為準，數一，頭向左轉，數二，頭向右轉，餘與甲同。

欲使右左翼為準，向左（右）各離二三步走，下口令如左。

右（左）翼為準，向左（右）各離二（三）步——走！

全隊除右（左）翼第一伍不動外，其餘各人，均持刀向左（右）轉，轉畢，照新方向，用跑步前進，約至距離二三步處，即行停止，仍向右（左）轉，還立正式。

欲使前行向前五（九）步走，下口令如左。

前行向前五（九）步——走！

前行人齊向前五（九）步走，立定，復自行看齊。

欲使各單（雙）數向前三（五）步走，下口令如左。

各單（雙）數向前三（五）步——走！

前後行各單（雙）數人，向前三五步走，停止，復自行看齊。

欲使解散，下口令如左。

解散！

各人依令，向後轉解散。

茲將橫隊各種間隔距離列圖如左。

【注意】此種教法，不過言其大概，至其變化，當視人數多寡，操場寬狹，隨時規定，不可一律而論。

橫隊間隔三步距離五步圖

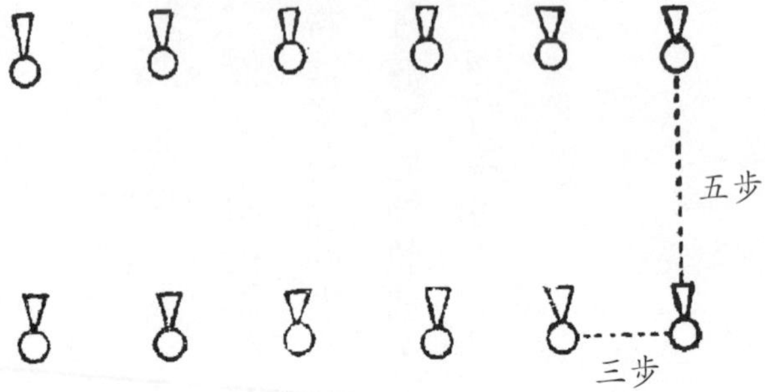

按，此圖可作十人上下練習，與班教練略同。

橫隊各離二步前行向前五步各單數向前三步圖

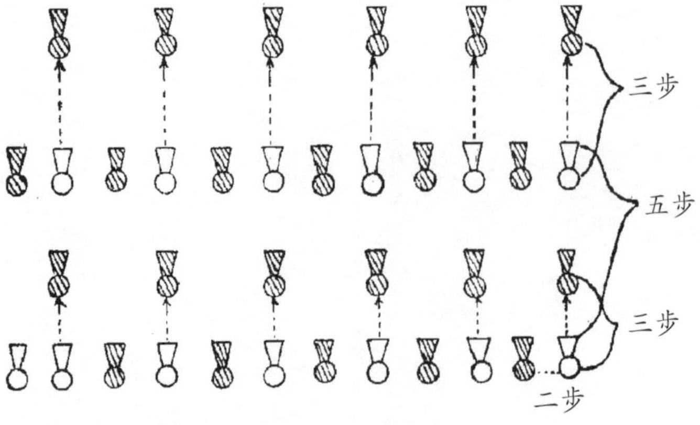

按，此圖可作三四十人練習，與排教練略同。

橫隊各離二步前行向前九步各單數向前五步圖

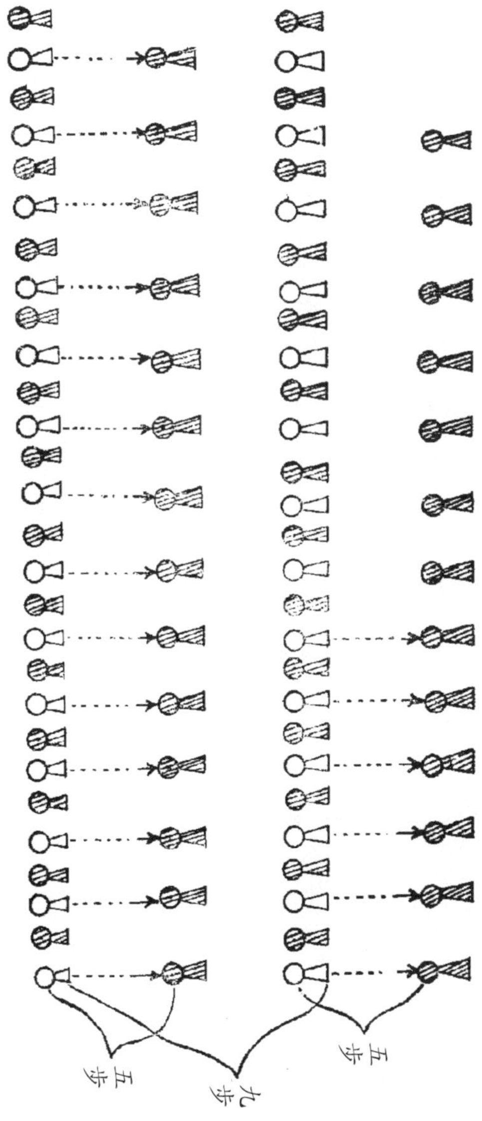

按此圖可作百人上下練習，與連教練略同。

第三章　圖說

第一節　抱托摸抹亮勾之動作

第一段

【術名】右掌穿刀

【口令】一

【動作】

身：向前。

步：右足不動。

第一式

左腿提起護襠，足尖向內勾，膝屈，股平，成勾股形。

手：左手持刀由胸前提上面門，刀柄向上向前，刀尖向下向後。右手由右方提起，手指併攏成掌，穿左手刀柄，隨由左向右轉至右方向上過頭，約繞圈半，肘屈，手心向前，手背向後。左手同時持刀向左方下垂，近左股，成持刀式。

眼：向前視。

【用法】起勢一

【術名】進步穿刀

【口令】二

【動作】

【術名】進步穿刀

【口令】二

【動作】

身：不動。

步：左腿醫囑地微彎，足尖點地，身體重量坐於右腿。右足隨上微彎。左腿彎實。

手：左手握刀，向前平伸。右掌隨由頭而下往前穿之，復沿刀西柄下收回置右膝間，手心向上。

眼：向前視。

【用法】起勢二

第二式

附圖

【術名】二起腿
【口令】三
【動作】
【術名】二起腿
【口令】三
【動作】
身：不動。
步：左足原地跳起隨落，腿微屈。
右足隨跳起，足背與腿成平線。
手：右掌由腰間下拍右足背，

第三式

附圖

隨平直提起，左手將刀隨向下垂，仍貼左股。

眼：向前視。

【用法】起勢三

【術名】抱刀勢

【口令】四

【動作】

身：向前轉。

步：右足隨身向右落地。

左足跟隨磨，足尖昂起。

兩腿下彎成騎馬式。

手：右手提刀，置於胸前，刀背按左手曲池上，刀刃向上，刀尖向左，肘曲與肩平，手心朝內。

第四式

右掌隨拍左臂手背向外，肘屈，兩手懷抱，成方形。

眼：向前視。

【用法】起勢四

【附註】此式因不易照，故改向左轉。

第二段

【術名】托刀勢

【口令】一

【動作】

身：向左轉。

步：右足上前，足尖點地。

左足尖往左撇。

第五式

兩腿俱彎，左實右虛。

手：右手握刀柄，虎口抵刀盤。

左手撒開，轉扶右腕。

右手隨將刀背由左肩過頭向腦後轉至右肩，復將刀隨右腿向面前上托，高與頭平，刀刃向上，刀尖稍向右斜。

左手仍扶右腕。

眼：向前視。

【用法】如敵用刀向我頭部劈來，我隨將刀過頭護頂，並上步撩敵底腕。

【術名】摸刀勢

【口令】二

【動作】

身：稍向右轉。

步：上左足，腿彎。右足原地不動。左虛右實。

手：右手將刀向前摸出成斜線，臂伸直，刀尖向前，刀刃向下。左掌仍扶右腕。

眼：向前視。

【用法】如敵用槍迎門刺來，我則拈槍而進，摸敵上腕。

【術名】抱刀勢

【口令】三

第六式

【動作】

身：稍向右轉。

步：左足原地不動，為實步。右足移至左足側方，足尖點地，為虛步，兩腿彎下，兩足相離三四寸許。

手：右手將刀抱於左臂上，刀刃向上。左掌扶於右手腕上。兩手懷抱成圓形。

眼：向左視。

【用法】預備進攻，陳而未發之勢。

第七式

【術名】抹刀勢
【口令】四
【動作】
身：向右轉，約三百六十度。
步：右足先往右邁半步。
左足隨身由左往右轉，仍至左。
右足隨往後退步。
兩腿俱彎。
左足在前虛。
右足在後實。
手：同時，右手將刀由左平向右轉，仍轉至右而左，約繞圈半，刀尖向前，復翻轉刀背，由右肩過腦轉至左肩向前落下，隨往後收，將貼

第八式

右腰時，刀尖轉前，刀刃向下。

左手由刀盤上抹至刀尖，往上豎起，手指朝上，手斜向右前，肘與肩平。

眼：向前視。

【用法】此刀用法用二。

（一）破槍法。敵持槍由我中門刺來，我則將身向左一閃，隨兩足上步挨槍而進，向其右腰攔之。

（二）破刀法。敵如持槍由我右側刺來，我則將刀抹其外腕。

第三段

【術名】亮刀勢

【口令】一

【動作】

【術名】亮刀勢

【口令】一

【動作】

身：向左轉。

步：左足原地隨轉。

右足向右上步。

兩腿彎，成騎馬式。

手：右手將刀背向左腿掛起，由面前向右亮開，臂伸直，手心向前，刀刃向右，刀尖直立向上。

左臂向左伸直，手指朝上，手

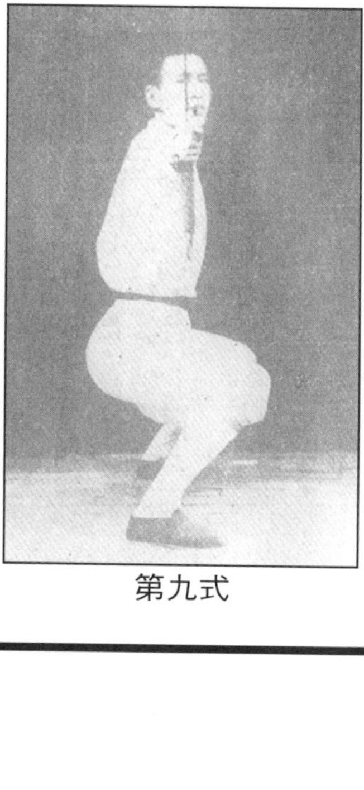

第九式

附圖

心向左。

眼：向前視。

【用法】如敵用槍迎面刺來，我隨將刀掛開，上步迅向其項門劈之。

【術名】勾刀勢

【口令】二

【動作】

身：不動。

步：左足不動。

右足提高向襠下彎，足掌近右膝蓋，成勾股形。

手：右手將刀背隨右腿上勾，刀向上稍斜，刀柄向下，刀刃向前，手腕置右膝外。

第十式

左手扶右手腕上。

眼：向右視。

【用法】如敵將刀向我右膝刺來，我隨將膝提起，並將刀背勾開其刀，我膝庶不為敵所傷。

【術名】扎刀勢

【口令】三

【動作】

【術名】扎刀勢

【口令】三

【動作】

身：不動。

第十一式

附圖

步：右足向右邁步落下。左足由右腿後偷步向右伸出，足尖點地。兩腿彎下，成中樁交叉式。

手：右手將刀由前向右扎出，稍向下斜，刀尖朝右，刀刃朝前，臂稍向右下伸。左掌由前向左上轉至頂，肘屈，成半橢圓形，手心向前，虎口近頭。

眼：向右視。

【用法】此係承上式將敵刀勾開，隨刺敵之右股，使其不及防備。

【術名】托刀勢

【口令】四

【動作】

身：向左轉，約二百七十度。

步：兩足原地隨磨。

左足往左撤。

右足上前，足尖點地。

兩腿俱彎，左實右虛。

手：右手將刀翻轉，刀刃向右，刀背順左平轉，約一百三十五度，隨循左肩過頭向腦後轉至右肩，復將刀刃隨右腿向面前上扎，高與頭平，刀刃向上，刀尖稍向右斜。

左手扶右手腕。

眼：向前視。

第十二式

【用法】 如敵用刀向我頭部劈來，我隨交將刀過頭護頂，並上步撩敵底腕。

第四段

【術名】摸刀勢

【口令】一

【動作】

身：稍向右轉。

步：上左足，腿彎。右足原地不動。左虛右實。

手：右手將刀向前摸出成斜線，臂伸直，刀尖向前，刀刃向下。左掌仍扶右腕。

眼：向前視。

第十三式

【用法】如敵用槍迎門刺來，我則拈槍而進，摸敵上腕。

【術名】抱刀勢

【口令】二

【動作】

身：稍向右轉。

步：左足原地不動，為實步。右足移至左足側方，足尖點地，為虛步。兩腿彎下，兩足相離三四寸許。

手：右手將刀抱於左臂上，刀刃向上。左掌扶於右手腕上。兩手懷抱成圓形。

第十四式

眼：向左視。

【用法】預備進攻，陳而未發之勢。

【術名】抹刀勢

【口令】三

【動作】

身：向右轉。

步：右足先往右邁半步。

左足隨身由左往右轉仍至左。

右足隨往後退步。

兩腿俱彎。

左足在前虛。

右足在後實。

第十五式

手：同時，右手將刀由左平向右轉，仍轉至右而左，約繞圈半，刀尖向前，復翻轉刀背，由右肩過腦轉至左肩向前落下，隨往後收，將貼右腰時，刀尖轉前，刀刃向下。

左手由刀盤上抹至刀尖，往上豎起，手指朝上，手斜向右前，肘與肩平。

眼：向前視。

【用法】此刀用法有二：

（一）破槍法。敵持槍由中門刺來，我則將身向左一閃，隨兩足上步挨槍而進，向其右腰攔之。

（二）破刀法。敵如持槍由我右側刺來，我則將刀抹其外腕。

【術名】抱刀勢

【口令】四

【動作】

身：向左轉，約二百七十度。

步：右足上步。

左足提起隨身轉至左落地，足尖點地。

兩腿彎下，左虛右實。

手：右手將刀背由左肩纏頭，右肩平向前轉，復將刀抱於左臂上，刀刃斜向上，刀背向下，刀尖向左後。

左手扶右手腕。

眼：向左視。

【用法】此係破槍之法，敵如持槍向我中門刺來，我則將身向右一閃，隨兩足上步挨槍而進，向其左腰攔之。

第十六式

第二節　掛劈刺砍撩搜之動作

第五段

【術名】抱刀勢

【口令】一

【動作】

身：不動。

步：左足往左邁步。右足跟步，足尖點地，距左足三四寸許。

手：右手將刀背由左肩纏頭循右肩平向前轉，復將刀抱於左臂上，刀刃斜向上，刀背向下，刀尖向左後。

第十七式

左手扶右手腕。

眼：向左視。

【用法】此係破刀之法，如敵用刀由我左側向頭部劈來，我則將刀向上架開，隨向其中部攔之。

【術名】抹刀勢

【口令】二

【動作】

身：向右轉約三百六十度。

步：右足先往右邁半步。

左足隨身由左往右轉仍至左。

右足隨往後退步。

兩腿俱彎。

第十八式

左足在前虛。

右足在後實。

手：同時，右手將刀由左平向右轉，仍轉至右而左，約繞圈半，刀尖向前；復翻轉刀背，由右肩過腦轉至左肩向前落下，隨往後收，將貼右腰時，刀尖向下。

左手由刀盤上抹至刀尖，往上豎起，手指朝上，手斜向右前，肘與肩平。

眼：向前視。

【用法】此刀用法用二：

（一）破槍法。敵持槍由我中門刺來，我則將身向左一閃，隨兩足上步挨槍而進向其右腰攔之。

（二）破刀法。敵如持槍由我右側刺來，我則將刀抹其外腕。

【術名】亮刀勢
【口令】三
【動作】
【術名】亮刀勢
【口令】三
【動作】
身：向左轉。
步：左足原地隨轉。
右足向右上步。
兩腿彎，成騎馬式。
手：右手將刀背向左腿掛起，
由面前向右亮開，臂伸直，手心向

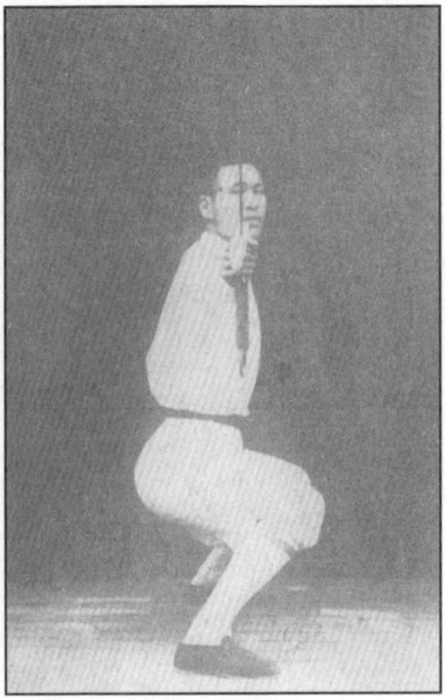
第十九式

附圖

前，刀刃向右，刀尖直立向上。

左臂向左伸直，手指朝上，手心向左。

眼：向前視。

【用法】如敵用槍迎面刺來，我隨將刀掛開，迅向其頂門劈之。

【術名】勾刀勢

【口令】四

【動作】

身：不動。

步：左足不動。

右足提高向襠下彎，足掌近右膝蓋，成勾股形。

手：右手將刀背隨右腿上勾，

第二十式

刀向上稍斜，刀柄向下，刀刃向前，手腕置右膝外。左手扶右手腕上。

眼：向右視。

【用法】如敵將刀向我右膝刺來，我隨將膝提起，並將刀背勾開其刀，我膝庶不為敵所傷。

第六段

【術名】外掛劈刀

【口令】一

【動作】

身：向右後轉，隨往下沉。

步：右足向右落地。

第二十一式

左足隨往左跳一大步。

右足又偷於左腿後，足尖點地。

兩腿下彎成矮馬交叉式。

手：同時右手將刀翻轉持右腿，刀尖向下，刀背向右，刀刃向左，復將刀刃向右上轉，往正左下劈，刀離地尺餘，刀柄靠於右膝蓋上，刀刃向下，刀尖向左。

左掌扶右手腕上。

眼：視刀尖。

【用法】此破槍之法，敵持槍迎面刺來，我則將刀背向外掛開，隨上步挨槍而進，劈敵之面部。

【術名】亮刀勢

【口令】二

【動作】

【術名】亮刀勢

【口令】二

【動作】

身：向右後轉。

步：兩足原地隨磨，成騎馬式。

手：右手將刀隨身向右亮開，臂伸直，手心向前，刀刃向右，刀尖直立向上。左臂向左伸直手指朝上，手向左。

眼：向前視。

第二十二式

附圖

【用法】此破槍之法，敵持槍從我後面刺來，我即轉身持刀挨敵槍圈內滑去，劈其前手指。

【術名】抹刀勢

【口令】三

【動作】

身：向右轉，約一百三十五度

步：同時右足隨身轉至後落地。

左足往前伸出，足尖點地。

兩腿彎，左虛右實。

手：右手將刀由右向前順右腿往後帶，刀刃向後，隨翻轉向上往

第二十三式

前下落，收貼右腰間。

左手往前抹出。

眼：向前視。

【用法】此係敵持械由我右後擊來，我即轉身將刀背撥開其械，隨劈其面部。

【術名】刺刀勢

【口令】四

【動作】

身：稍向前傾。

步：右足不動。

左足向右足後偷過，足尖點地。

第二十四式

兩腿下彎，成中椿交叉式。

手：右手同時將刀向前直刺，刀刃向下，刀尖向前。左手扶右手腕上。

眼：視刀尖。

【用法】敵如用刀向我左膝刺來，我則將左足往後抽開，隨用刀向敵胸刺之。

第七段

【術名】背砍刀勢

【口令】一

【動作】

身：半面向右轉。

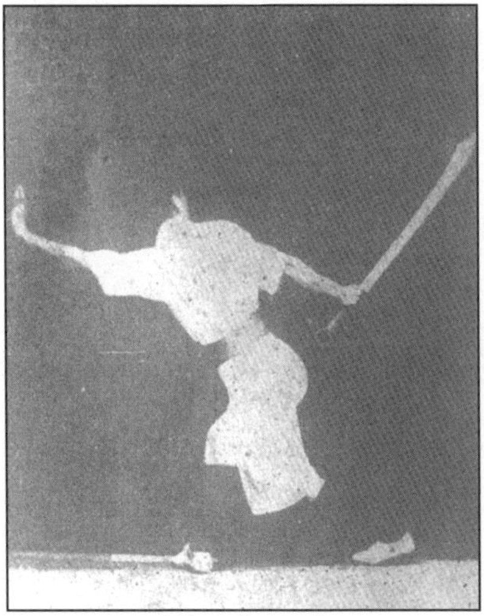

第二十五式

步：右足先向後退。左足隨往右足後偷過，足尖點地。兩腿下彎，成中椿交叉式。

手：右手同時將刀由左舉起向右砍，稍向上斜，手伸直向下斜。左手向左前伸，五指併攏直立，高與頭齊，手心向左前。

眼：向右前視。

【用法】此係敵持械由我背後擊來，我即將身一轉，則敵擊我不中，隨以刀砍其腕，敵反為我所敗。

【術名】撩刀勢

【口令】二

第二十六式

【動作】

身：向左轉。

步：左足由後向前上步，腿直立微屈。右足腿向前方平踢。

手：右手同時將刀順右腿撩出，刀與手同肩平，刀背向下，刀刃向上，刀尖向前。左手向右手腕上拍住。

眼：視刀尖。

【用法】此係敵用刀向我左方刺來，我即將身向左轉，躲避其鋒，隨順進步撩其陰部。

【術名】抹刀勢

【口令】三

【動作】

身：向左轉。

步：右足落地，足尖原地昂起，隨身向左轉。

左足原地隨磨，足尖點地。

兩腿下彎，左虛右實。

手：右手持刀由後順左方向前落下，收貼右腰，刀尖向前，刀刃向下，刀如平線。

左手往前抹出。

眼：向前視。

【用法】此係敵持械由我左後擊來，我則將身向左閃過，隨劈其面部。

第二十七式

【術名】扎刀勢
【口令】四
【動作】
身：向左轉，約一百三十五度。
步：右足先往右跳步。
左足由右腿偷步向右伸出，足尖點地，兩腿彎下，成中椿交叉式。
手：右手將刀向右扎出，稍向下斜，刀尖朝右，刀刃朝前，臂稍向右下伸。
左掌由右向左後上轉至頂，手心朝前，虎口近頭，肘屈，成半橢圓形。

第二十八式

眼：向右視。

【用法】此係破槍之法，敵如持槍由我中門刺來，我則將身向左閃過，隨挨敵槍圈內而進，用刀向其下部刺之。

第八段

【術名】搜刀勢

【口令】一

【動作】

身：半面向右轉。

步：左足由右向左前邁步。右足隨往右前移步，足尖點地。兩腿下彎，左實右虛。

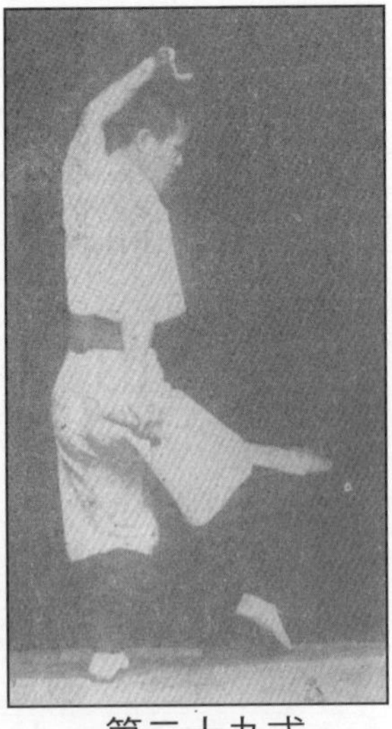

第二十九式

手：右手同時將刀提起，由右肩向左過腦，沿左肩順左臂而下，轉向右股側落下，臂垂直，刀成平線，刀尖向前，刀刃向下。

左手由腰循胸穿至頂上，手心向前。

眼：視刀尖。

【用法】此係敵將刀向我頂門砍來，我即將刀往上護住，隨向下搜其腿部。

【術名】推刀勢

【口令】二

【動作】

身：半面向右轉。

步：右足提起。

左足隨跳起，向右足原地落

第三十式

下。

右足隨向前下撲，足掌著地，腿直，距地六寸。

左腿隨原地極力彎下。

兩腿隨起，成右弓箭步。

手：右手同時將刀提起，由右肩向左過腦，至左肩，順左臂。

左手隨扶刀背，同右手將刀由胸前向前推出，高過頭五寸許。

兩臂伸直，刀尖向左，刀刃向前。

眼：視刀背。

【用法】此係敵持械由我中門擊來，我即將刀向前護心，向上護頂。

【術名】亮刀勢

【口令】三

【動作】
【術名】亮刀勢
【口令】三
【動作】
身：不動。
步：右足原地不動。
左足由後向前上步。
兩腿屈，成騎馬式。
手：右手將刀直向右亮出，手心向前，刀刃向右，刀尖直立向上。
左臂向左伸直，手指朝上，手

附圖

第三十一式

心向左。

眼：向前視。

【用法】此破槍之法。敵持槍從我右面刺來，我則將身往前一閃，隨持刀挨槍圈外滑去，劈其前手腕。

【術名】勾刀勢

【口令】四

【動作】

身：不動。

步：左足不動。右足提高向襠下彎，足掌近右膝蓋，成勾股形。

手：右手將刀背隨右腿上勾，

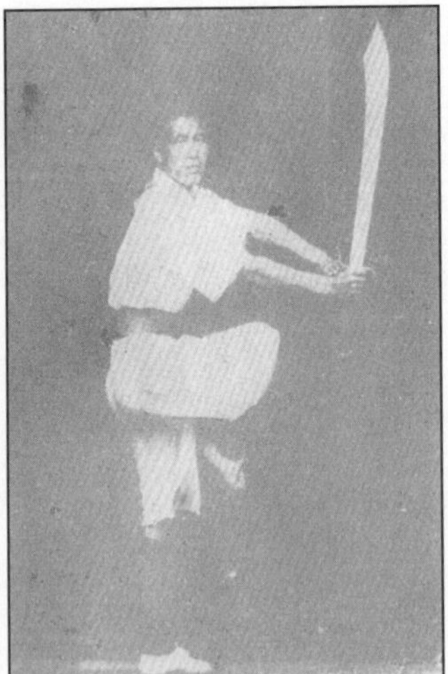

第三十二式

刀向上稍斜，刀柄向下，刀刃向前，手腕置右膝外。左手扶右手腕上。

眼：向右視。

【用法】如敵將刀向我右膝刺來，我隨將膝提起，並將刀背勾開其刀，我膝庶不為敵所傷。

第三節　磨盤帶踢切接之動作

第九段

【術名】扎刀勢

【口令】一

【動作】

第三十三式

【術名】扎刀勢

【口令】一

【動作】

身：不動。

步：右足向右邁步落下。

左足由右腿後偷步向右伸出，足尖點地，兩腿彎下，成中樁交叉式。

手：右手將刀由前向右扎出，稍向下斜，刀尖朝右，刀刃朝前，臂稍向右下伸。

左掌由前向左上轉至頂，肘屈，成半橢圓形，手心向前，虎口近頭。

附圖

眼：向右視。

【用法】此係承上式，將敵刀勾開，隨刺敵之右股，使其不及防備。

【術名】磨盤刀勢

【口令】二

【動作】

【術名】磨盤刀勢

【口令】二

【動作】

身：向左轉，約三百六十度。

步：兩足尖點地，隨身向左

第三十四式

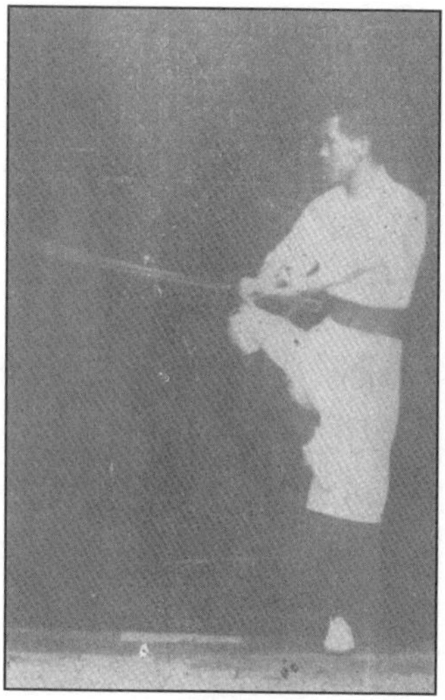

附圖

磨，約二百七十度。

右足隨提起向襠下彎，足掌近左膝，成勾股形，仍轉至原處。

左足復隨磨。

手：右手同時將刀隨身向左轉平掃，刀盤置右膝蓋上，手心向上。

左手扶右手刀盤上，手心向下，刀刃向前，刀尖向右。

眼：視刀尖。

【用法】此係向左橫掃敵人中部。

【術名】扎刀勢

【口令】三

【動作】

【術名】扎刀勢

【口令】三

【動作】

身：右足向右邁步落下。

左足由右腿後偷步向右伸出，足尖點地。

兩腿彎下，成中樁交叉式。

手：右手將刀直向右扎，稍向下斜，刀尖朝右，刀刃朝前，臂稍向右下伸，左掌由前向左上轉至頂，肘屈，成半橢圓形，手心向前，虎口近頭。

眼：向右視。

【用法】此承上式，隨進步刺

第三十五式

附圖

敵之右股。

【術名】帶刀勢

【口令】四

【動作】

【術名】帶刀勢

【口令】四

【動作】

身：不動。

步：右足向左拔出一大步，落地。

右足隨提起向襠下彎。

手：右手同時將刀向左後收

第三十六式

附圖

回，刀尖仍向右，刀刃仍向前，肘貼右腰。左掌向右手腕握住，手心向上，刀盤近右膝蓋。胸向前。

眼：視刀尖。

【用法】此係敵持槍向我右臂刺來，我則一面退步將槍銷開，一面將刀收回護背，敵槍雖百發百中，亦無施其伎倆矣。

第十段

【術名】亮刀勢

【口令】一

【動作】

【術名】亮刀勢

第三十七式

【口令】一

【動作】

身：不動。

步：右足原地不動。

右足往右落下。

兩腿下彎成騎馬式。

手：右手將刀向右腿落下，隨將刀背從右腿掛起，由面前向右亮開，臂伸直，手心向前，刀刃向右，刀尖直立向上。

左臂向左伸直，手指朝上，手心向左。

眼：向前視。

【用法】如敵和用刀從我右側刺來，我則將刀掛開，迅向其頂門劈之。

附圖

【術名】右步撩刀

【口令】二

【動作】

【術名】右步撩刀

【口令】二

【動作】

身：向左轉。

步：左足往外撇。

右足向前上步，成右弓箭式。

手：右手同時將刀由後而下，順右腿向前上撩，手平伸，刀成平線，刀刃向上，刀尖向前。

附圖

第三十八式

左手扶右手腕。

眼：視刀尖。

【用法】此係敵持槍向我左方刺來，我即將身向右閃過，順敵槍圈外而進，撩其處底腕。

【術名】左步撩刀

【口令】三

【動作】

【術名】左步撩刀

【口令】三

【動作】

身：稍向右轉。

第三十九式

附圖

步：右足往外撇。

左足向前上步，成左弓箭式。

手：右手同時將刀由前上繞至後而下，順左腿，仍向前上撩，手平伸，刀成平線，刀刃向前。

左手扶右手腕。

眼：視刀尖。

【用法】此係敵持槍向我右方刺來，我即將身向左閃過，順敵槍圈內而進，其內底腕。

【術名】右步撩刀

【口令】四

【動作】

【術名】右步撩刀

【口令】四

【動作】

身：稍向左轉。

步：左足往外撇。

右足向前上步，成右弓箭式。

手：右手持刀先由前上繞至後，復由後而下順右腿向前上撩，手平伸，刀成平線，刀刃向上，刀尖向前。

左手扶右手腕。

眼：視刀尖。

【用法】此係敵持槍向我左方

第四十式

附圖

刺來，我即將身向右閃過，順敵槍圈外而進，撩其處底腕。

第十一段

【術名】抹刀勢

【口令】一

【動作】

身：向左後轉。

步：右足原地隨磨。

左足隨往後收，足跟稍點起。

兩腿下彎，左虛右實。

手：右手持刀，隨身順左方向前落下，收貼右腰，刀尖向前，刀

第四十一式

刃向下，刀如平線。

左手往前抹出。

眼：向前視。

【用法】此係敵持械由我左後擊來，我則將身向左閃過，隨轉向敵面劈之。

【術名】抱刀勢

【口令】二

【動作】

身：向左轉，約二百七十度。

步：右足上步。

左足提起隨身轉至左落地，足尖點地。

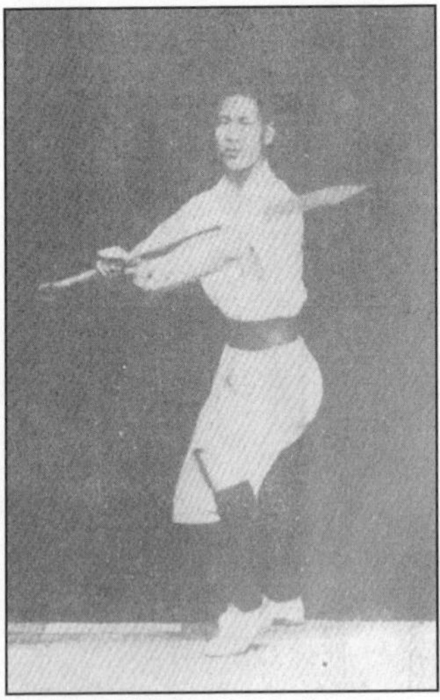

第四十二式

兩腿彎下，左虛右實。

手：右手將刀背由左肩纏頭，循右肩平向前轉，復將刀抱於左臂上，刀刃斜向上，刀背向下，刀尖向左後。

左手扶右手腕。

眼：向左視。

【用法】此係破槍之法。敵如持槍向我中門刺來，我則將身向右一閃，隨兩足上步挨槍而進，向其左腰攔之。

【術名】踢刀勢

【口令】三

【動作】

第四十三式

身：稍向左轉。

步：左足向前邁步，腿微彎。右足隨提起向前平踢。

手：右手同時將刀由右肩順右腿向前上撩，手伸直，刀與頭平，刀刃向上，刀尖向前。左手扶右手手腕，肘微屈。

眼：視刀尖。

【用法】如敵向我左側刺來，我則將身向左閃過，隨用刀將敵槍架開，向其面部撩之。

【術名】切刀勢

【口令】四

第四十四式

【動作】

身：稍向右轉往下沉。

步：右足收貼於襠隨往右落地。右足隨往右足後偷步。兩腿下彎，交叉成矮馬。

手：右手同時將刀由前順右腿向後掛，隨提起順右肩過腦，循左肩至胸前，復順右腿往下切，手垂直，刀成平線，刀尖向前，刀刃向下，距地五寸。

左手由胸上繞至頂，手心向前，肘屈，成半圓形。

眼：向下視刀。

【用法】如敵向我右後刺來，我即轉身將敵刀掛開，隨向其前膝切之。

第十二段

【術名】抱刀勢

【口令】一

【動作】

身：稍向左轉。

步：左足向左邁步，腿彎。

右足隨跟左足向左移步，足尖點地，距左足三四寸許。

兩腿屈，兩膝平，兩足左實右虛。

手：右手將刀提起，從右肩過

第四十五式

頂至面前抱於左臂上，刀尖向左，刀刃斜向上。

左掌扶於右手腕上。

眼：向左視。

【用法】如敵和用刀向我頭部及左肩劈來，我則將刀背由後過頂及向右肩攔護之。

【術名】抹刀勢

【口令】二

【動作】

身：向右轉，約三百六十度。

步：右足先往右邁半步。

左足隨身由左往右轉仍至左。

右足隨往後退步。

第四十六式

兩腿俱彎。

左足在前虛。

右足在後實。

手：同時，右手將刀由左平向右轉，仍轉至右而左，約繞圈半，刀尖向前；復翻轉刀背，由右肩過腦轉至左肩向前落下，隨往後收，將貼右腰時，刀尖轉前刀刃向下。

左後由刀盤上抹至刀尖，往上豎起，手指朝上，手斜向右前，肘與肩平。

眼：向前視。

【用法】此刀用法有二：

（一）破槍法。敵持槍由中門刺來，我則將身向左一閃，隨兩足上步挨槍而進，向其右腰攔之。

（二）破刀法。敵如持槍由我右側刺來，我則將刀抹其外腕。

【術名】 跟步纏頭勢

【口令】 三

【動作】

身：向右轉。

步：左腿原地伸直。

右足移動與左足靠攏並齊。

手：右手將刀由左脅提起，順左肩纏頭，沿右肩向右方下轉至左，循左腿向上繞，刀尖向上，刀刃向左，刀背貼左脅後上面，手執刀柄在左脅下面。

左手抱於胸前，在右手上，手心朝右，大指貼右肩。

眼：向左視。

第四十七式

【用法】如敵和向我頭部劈來，我即將刀向上架開，隨向其內底腕撩之。

【術名】接刀勢

【口令】四

【動作】

身：不動。

步：不動。

手：右手將刀由左脅往下轉至右側向上纏頭，順左肩而下。左手隨將右手刀接住，如持刀式。右手同時散開，向右垂直，手貼右股。

眼：向左視。

【用法】此係收勢。

第四十八式

導引養生功

全系列為彩色圖解附教學光碟

張廣德養生著作　每冊定價 350 元

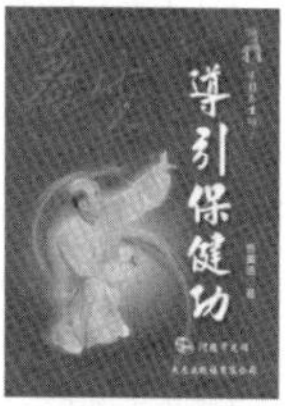

輕鬆學武術

太極跤

彩色圖解太極武術

歡迎至本公司購買書籍

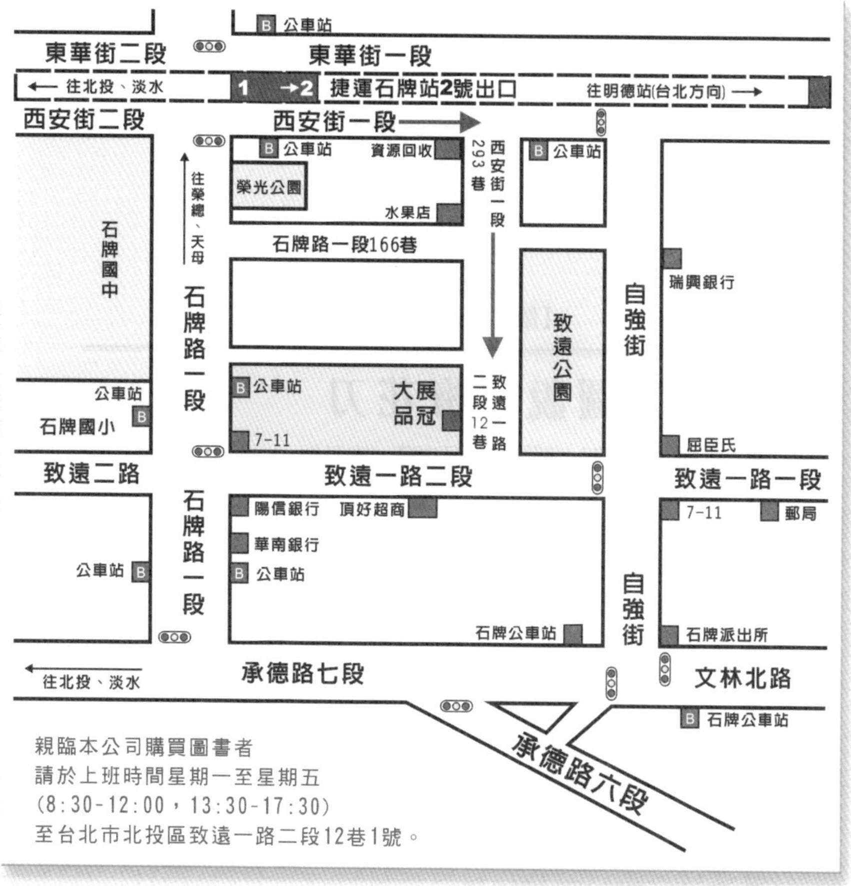

建議路線

1.搭乘捷運

淡水信義線石牌站下車，由月台上二號出口出站，二號出口出站後靠右邊，沿著捷運高架往台北方向走(往明德站方向)，其街名為西安街，約80公尺後至西安街一段293巷進入(巷口有一公車站牌，站名為自強街口，勿超過紅綠燈)，再步行約200公尺可達本公司，本公司面對致遠公園。

2.自行開車或騎車

由承德路接石牌路，看到陽信銀行右轉，此條即為致遠一路二段，在遇到自強街(紅綠燈)前的巷子左轉，即可看到本公司招牌。

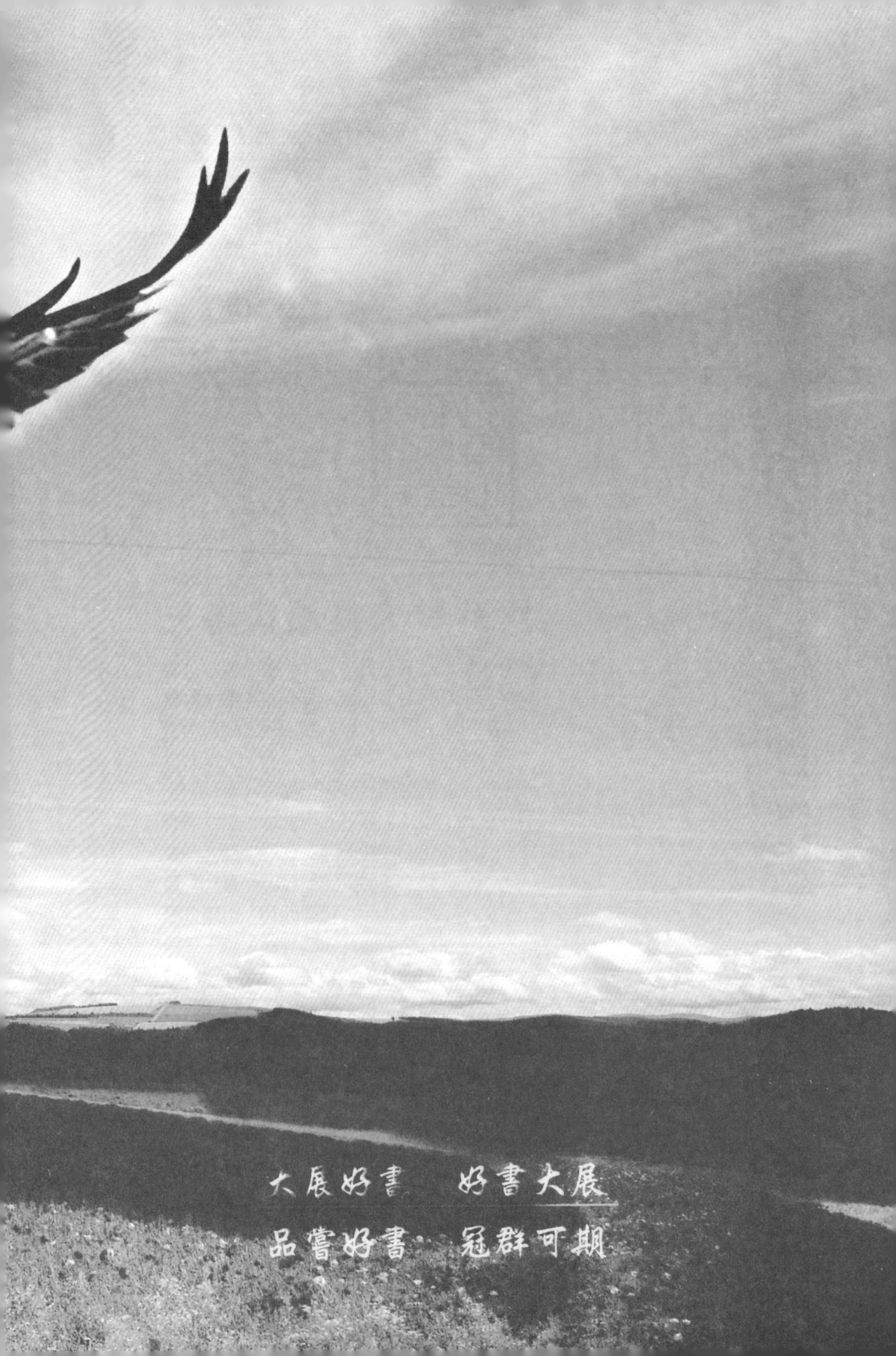
大展好書　好書大展
品嘗好書　冠群可期

大展好書　好書大展
品嘗好書　冠群可期